Arrêter porno facile avec la méthode easy peasy

Arrêter porno facile avec la méthode easy peasy

Auteur hack

Titre original en anglais : The Easy Peasy Way to Quit Porn
Titre : Arrêter porno facile avec la méthode easy peasy
Auteur : Auteur hack (Hackauthor²)
ISBN : 978-2-3225-3457-9

Droits d'auteur : Ce travail est protégé par une licence Creative Commons Attribution - Partage dans les Mêmes Conditions 4.0 International (CC BY-SA 4.0) GPLv3.
Copyright © Fraser Patterson, 2020.
Informations sur les droits d'auteur :
https://gitlab.com/snuggy/easypeasy/-/blob/master/LICENSE

Chef de projet de la traduction : Delawarde
Traducteurs : Delawarde, Gargatron, Funbone, FunnyFungi, Chonklotisme, FleurDeLys, Ramech, SBLJ
Remarque des traducteurs : C'est pour vous, utilisateurs des forums NoFap, NoPorn et Stopfap.org, que nous faisons tout ça. Ça nous fait mal de vous voir échouer sans cesse, prisonniers de fausses croyances et de mauvaises méthodes. Nous allons vous aider à en sortir, c'est promis. Vous n'êtes pas seuls dans cette lutte.

Édition : BoD · Books on Demand GmbH, In de Tarpen 42, 22848 Norderstedt (Allemagne)
Impression : Libri Plureos GmbH, Friedensallee 273, 22763 Hamburg (Allemagne)
Dépôt légal : Novembre 2024

SOMMAIRE

1 - Introduction 8
   À propos du livre... 8
   1.1 - Attention 10
   Pour terminer 15
   1.2 - Conseils pour votre lecture, et dernières notes mineures 16

2 - La Méthode EasyPeasy 18
   3.1 - Le piège le plus sournois 25

4 - La nature de l'addiction 29
   4.1 - Le Petit Monstre 32
   4.2 - L'alarme agaçante 33
   4.3 - Un plaisir ou un soutien ? 35
   4.4 - Franchir la ligne rouge 36
   4.5 Le "Trip" de la danse autour de la Ligne Rouge 38
   4.6 - L'analogie du fumeur 40

5 - Lavage de cerveau 42
   5.1 - Le raisonnement scientifique 42
   5.2 - Les problèmes de la Méthode "Volonté" 44
   5.3 - La passivité 45
   5.4 - Les sensations de manque 47

6 - Les aspects du lavage de cerveau 49
   6.1 - Le stress 49
   6.2 - L'ennui 51
   6.3 - La concentration 52
   6.4 - La relaxation 54

6.5 - L'énergie 55

6.6 - Les sessions en soirée mondaine.. 57

7 - Qu'est-ce que j'abandonne?.. 60

7.1 - Il n'y a rien à abandonner 60

8 - Gagner du temps 64

9 - La santé 68

9.1 - Les ombres sinistres 75

10 - Les avantages d'être un utilisateur de porno 76

11 - La Méthode Volonté 77

12 - Attention au rationnement 87

13 - Juste une petite dose.. 92

14 - Les utilisateurs mesurés 95

15 – L'utilisateur YouTube / Twitch / Instagram........................ 107

16 - Une habitude sociale?.. 110

17 - Le bon moment.. 113

18 - Vais-je rater le fun? 119

19 - Puis-je séparer l'usage du monde réel? 122

20 - Éviter les fausses motivations 125

21 - La méthode facile pour arrêter le porno 129

22 - La période de désintoxication... 135

23 - Juste une toute petite dose 141

24 - Est-ce que ce sera plus dur pour moi? 143

24.1 - Les raisons principales de l'échec 144

25 - Les substituts.. 147

26 - Dois-je éviter les tentations?... 151

27 - La Révélation 154

28 - Votre dernière visite 157
    28.1 Un dernier avertissement 161
29 - Les retours 162
    29.1 - La Checklist 167
30 - Aider ceux qui souffrent aussi 170
31 - Conseils aux non-utilisateurs 174
    31.1 - Aider vos amis utilisateurs à lire ce livre 174
    31.3 - Mon partenaire quitte le porno 176
    31.4 - La glissade (rechute) 177
    31.5 - Et pour la "MO"? (Masturbation + Orgasme)? 182
    31.6 - Déviation du conseil standard 183
    31.7 - Aidez à mettre fin à ce scandale 184
    31.8 - Avertissement final 188
32 - Les instructions 189
33 - Conclusion 190

1 - Introduction

À propos du livre...

Ce livre est une version réécrite de "Allen Carr's EasyWay to quit smoking" mais pour la pornographie, celui-ci est gratuit et open source. Son succès repose sur le fait que vous : NE SAUTEZ PAS LES CHAPITRES

Lorsqu'on veut ouvrir un cadenas à code, il faut entrer les chiffres dans le bon ordre. L'addiction ne diffère pas vraiment.
Si vous êtes dans la situation la plus courante, vous avez probablement découvert la pornographie assez jeune et continué d'en consommer depuis. Avant de tomber sur les nombreuses (mais très censurées) sources qui parlent de ses dangers, vous avez certainement réussi à résister pendant des périodes plus ou moins longues, mais vous avez toujours fini par céder à ces envies illusoires. Je suis heureux de vous annoncer que cette méthode fonctionne de manière complètement différente et est la seule méthode qui marche. Peut-être qu'un de vos proches vous a envoyé ce livre et que vous êtes sceptique. Premièrement, merci d'y jeter au moins un coup d'œil.
Je vais développer cela sous peu, mais je vous invite à vous rappeler rapidement de la toute première fois où vous avez été exposé à la pornographie.
Est-ce que vous vous attendiez à continuer d'en regarder pour le reste de votre vie ? Selon mes propres informations empiriques sur le sujet (harceler mes amis pour qu'ils lisent ce livre), la méthode EasyPeasy est tout aussi efficace pour le consommateur lambda de porno que pour les grands addicts. Ce n'est pas très long, avec de grandes chances de gains massifs, donc je vous supplie de continuer à le lire.
La méthode décrite dans ce livre est :

- Instantanée

- Aussi efficace pour les consommateurs habituels que pour les très addicts
- Ne provoque pas de contrecoups désagréables
- Ne demande pas de volonté forte
- Ne requiert pas de traitement ou aide extérieure
- Ne provoque pas le remplacement de cette addiction par une autre comme le grignotage, la cigarette ou l'alcool
- Permanente

Vous aurez peut-être du mal à y croire, ce sentiment est partagé par beaucoup de personnes. Voici quelques témoignages :
" C'est l'ouvrage pionnier en termes d'addiction au porno"

- Un type sur Reddit que je ne retrouve plus

"J'ai été addict pendant 10 ans. Pendant ces 10 années j'étais rongé par la dépression, le doute, l'anxiété et la peur que mon secret se sache. Après chaque session, je me suis détesté, et après chaque abstinence de porn je rechutais à nouveau en peu de temps. Cependant, ce livre m'a aidé à arrêter. J'ai toujours été sur la défensive par rapport au porno dans le passé. Maintenant, après avoir lu ce livre 2 fois, je suis sur l'offensive. Le porno n'a plus de contrôle sur moi et me paraît maintenant comme une triste blague."

- U/DeepNewt

"Il y a quelques jours, j'ai eu 20 ans. Pour la première fois depuis très longtemps, j'ai passé mon anniversaire libéré du piège du porn, et c'est grâce à ce livre que j'ai trouvé par hasard il y a quelques mois. Avant ça, j'ai passé énormément de temps à essayer d'arrêter de manière plus classique, et j'ai subi tant de tourmentes que je me suis étiqueté comme addict à jamais. Le livre a résolu tout ça pour moi. Là où avant j'avais peur de n'avoir aucun contrôle sur moi-même quand j'avais

inconsciemment dégorgé le poireau, je peux maintenant être fier en réalisant que je n'ai plus besoin d'être un addict.

Je n'ai pas vraiment de raison de poster ça, j'ai juste ressenti que j'avais besoin de poster ça quelque part car c'est si fort et essentiel pour moi. Si vous lisez ce post et pensez à lire ou à recommander ce livre, sachez que ça marche bien mieux que les autres méthodes disponibles. Mon meilleur conseil sera de prendre des notes, ce qui peut paraitre stupide mais m'a réellement aidé à consolider certaines idées."

-u/Suspicious_Web_4594

1.1 - Attention

Si vous vous attendez à ce que ce livre vous fasse quitter en vous faisant peur sur les différents risques de santé que le porno et la masturbation provoquent, comme les dysfonctionnements sexuels (en incluant la dysfonction érectile causée par le porno), la baisse de libido, la perte d'envie des partenaires sexuels, l'hypofrontalité et l'humiliation d'avoir une habitude dégoûtante et sale et que vous êtes stupide et sans volonté alors vous serez déçus. Ce livre n'est rien de tout ça et ces tactiques ne m'ont jamais aidé et si elles devaient vous aider vous auriez déjà quitté le porno.
Les méthodes traditionnelles recommandent d'utiliser le pouvoir de la volonté, ou de faire des "abstinences de porn" comme "regarder du porn une fois tous les X jours" et réduire la consommation. Certains sites listent des recherches sur les neurotransmetteurs et la neuro-plasticité, malgré le fait que ces sites sont éducatifs, beaucoup sont déjà au courant des risques pour la santé et choisissent de ne rien faire, donc ce genre de sites d'informations sont en général évités. Au final, ces sites sont inefficaces car ils n'enlèvent pas les raisons pour lesquelles les consommateurs de porno consomment du porno. Transformer le porno en fruit interdit n'est pas une bonne méthode pour combattre une addiction.
Cette méthode, appelée EasyPeasy, marche différemment ;

Certaines des choses qui vont être dites ici peuvent paraître difficiles à croire, mais quand vous aurez fini ce livre, non seulement vous allez y croire mais vous allez aussi vous demander comment vous aviez pu vous faire manipuler à penser autrement.

Croire que l'on choisit de regarder du porno est une idée reçue. Les addicts au porno (oui, les addicts) ne choisissent pas plus de regarder du porno qu'un alcoolique choisit d'être alcoolique, ou qu'un addict à l'héroïne choisis d'être addict à l'héroïne. Il est vrai que nous allumons nos téléphones ou ordinateurs, ouvrons notre navigateur et visitons notre "harem en ligne" favori. Occasionnellement je choisis d'aller au cinéma, mais je ne choisis certainement pas de passer ma vie entière au cinéma. Au départ, ma curiosité et ma nature humaine m'ont amené ici, mais je n'aurais pas commencé si j'avais su que j'allais devenir addict, causant le déclin de la santé, de mon bonheur et de mes relations. "Si seulement j'avais entendu parler des dysfonctions sexuelles la première fois que j'ai ouvert un site porno!" Prenez un moment pour y penser, avez-vous déjà pris la décision "positive" que vous devez/avez besoin de porn pour vous masturber ? Ou que vous devez/avez besoin de la fantaisie du porno pour épicer votre vie de couple ? Ou qu'à un certain moment de votre vie, vous ne pouviez pas profiter d'une bonne nuit de sommeil ou passer une soirée après une dure journée de travail sans regarder du porno ? Ou que vous ne pouviez pas vous concentrer ou supporter du stress sans porno ? A quel moment avez-vous décidé que vous aviez besoin de porno, que vous en aviez besoin de manière permanente dans votre vie, quitte à vous sentir mal ou même paniqué sans porno, sans votre harem en ligne ?

Comme tous les autres utilisateurs de porno, vous avez été appâté dans le plus sinistre et subtil piège que l'homme et la nature n'aient jamais créé.

Il n'y a personne sur terre, consommateur de porno ou non, qui aime penser que ses enfants consomment du porno pour compenser ou par plaisir. Ce qui veut dire que tous les addicts souhaitent ne jamais avoir commencé. Ce n'est pas étonnant : personne n'a besoin de porno pour apprécier la vie ou supporter le stress avant d'être accro.

Malgré tout ça, tous les utilisateurs souhaitent continuer à en consommer. Après tout, personne ne nous force à ouvrir la navigation privée. Qu'ils comprennent la raison ou non, c'est seulement les utilisateurs qui décident de toquer à la porte de leur harem en ligne.

S'il y avait un bouton magique que le consommateur pourrait activer pour se réveiller le lendemain comme s'il n'avait jamais consommé de porno, les seuls addicts de demain seraient les très jeunes encore en train d'expérimenter.

La seule chose qui nous empêche de quitter est la PEUR! La peur causée par la croyance que nous devions survivre une période indéterminée de misère et de manque pour être libéré du porno.

Cette croyance vient de croyances limitantes, apprises et acquises, par exemple :
- La masturbation et le sexe amenant à l'orgasme est la chose la plus importante dans la vie
- Le porno est plus sûr que les vraies partenaires car le porn ne peut pas me rejeter
- Le porno est éducatif et utile
- Le porno promet une meilleure expérience sexuelle
- Plus il y en a, mieux c'est

Ces croyances limitantes entraînent des conséquences irrationnelles telles que :
- Adorer et être obsédé par "la 10/10 parfaite"
- Se voir comme un looser si tu ne fais pas l'amour, comme si c'était la chose la plus importante de l'existence humaine
- Se préserver pour "la 10/10 parfaite"
- Avoir un jugement très dur et critique de tes potentielles partenaires
- Te forcer à faire l'amour, que tu le veuilles ou non

C'est cette peur qu'une nuit seule tu combats tes pulsions incontrôlables et que tu seras misérable. Peur qu'une nuit avant un examen soit un enfer sans porno. Peur que tu n'arrives jamais à te concentrer, à supporter le stress ou à être confiant sans ta petite session et que ta personnalité risque de changer sans.
Mais plus que tout, peur de ne jamais quitter le porno "addict un jour addict toujours" : peur de ne jamais vraiment être libre, passant le reste de nos vies à vouloir occasionnellement un orgasme provoqué par un porno. Si, comme moi vous avez essayé toutes les méthodes traditionnelles pour arrêter et que vous avez souffert de la misère et de la torture de la méthode de la volonté, vous serez non seulement touchés par cette peur, mais vous serez également convaincu que vous ne pourrez jamais arrêter.

Si vous avez de l'appréhension, êtes inquiet ou si vous ressentez que le moment n'est pas bon pour arrêter, laissez-moi vous assurer que votre appréhension et votre inquiétude n'est pas soulagée par le porno - elle est causée par le porno. Vous n'avez pas décidé de tomber dans le piège, mais comme tous les pièges, il est construit de façon à vous garder piégés. Pensez-y, quand vous avez vu pour la première fois ces photos et vidéos, est-ce que vous avez décidé de revenir encore et encore et d'en consommer toute votre vie ? Quand allez-vous arrêter ? Demain ? L'année prochaine ? Ne vous mentez pas à vous-même ! Le piège est fait pour vous garder à vie. Pourquoi pensez-vous que tous ces autres addicts n'arrêtent pas avant que le porno ne détruise leurs vies?
J'avais parlé d'un bouton magique; Easypeasy marche exactement comme ce bouton magique. Mais que ce soit clair, EasyPeasy n'est pas magique ; mais pour moi et pour les autres qui ont trouvé si facile et agréable d'arrêter le porno, ça ressemble bien à de la magie !

Voici la chose à laquelle je voudrais que vous fassiez attention, c'est la situation de l'œuf ou la poule: tous les addicts veulent arrêter et tous les addicts peuvent apprécier et aimer arrêter. C'est seulement **la**

peur qui empêche les consommateurs d'arrêter. Le gain le plus grand de cette méthode est de se débarrasser de cette peur, mais vous ne serez pas libérés de cette peur avant d'avoir fini ce livre. A l'inverse, votre peur pourrait augmenter au fur et à mesure que vous continuez à lire, ce qui pourrait vous empêcher de le finir. Lisez le témoignage de cette femme :

> "Je viens de finir de lire EasyPeasy. Je sais que ça fait seulement 4 jours mais je me sens si bien, je sais que je n'aurai plus jamais à regarder du porno. J'avais commencé à lire ton livre 5 mois auparavant, lu la moitié et paniqué. Je savais que si je continuais à lire j'aurais dû arrêter. N'étais-je pas bête ?"

Vous n'avez pas décidé de tomber dans le piège, mais que ce soit clair: vous ne vous échapperez pas si vous ne faites pas la décision affirmative de quitter. Vous êtes certainement déjà en train de tirer sur la laisse pour vous échapper, ou peut être que vous avez de l'appréhension au fait de quitter mais dans tous les cas gardez en tête :

VOUS N'AVEZ RIEN À PERDRE !

Si à la fin du livre vous décidez que vous souhaitez continuer à consommer du porno pour se masturber ou pour le sexe, rien ne vous en empêche. Vous n'avez même pas à réduire ou arrêter d'utiliser du porno alors que vous lisez ce livre, et rappelez-vous; il n'y a pas de traitement choc. A l'inverse, je n'ai que de bonnes nouvelles pour vous. Est-ce que vous pouvez imaginer comment se sont senti les frères Anglin après s'être enfin échappés de la prison d'Alcatraz ?
C'est ce que j'ai ressenti après m'être échappé du piège du porno, c'est comment les ex-consommateurs se sont sentis après avoir utilisé EasyPeasy, et à la fin du livre c'est comme ça que vous vous sentirez ! Allons-y quoi !

Pour terminer ...

Tout le monde peut aimer et trouver facile le fait de quitter le porno, vous inclus ! Tout ce que vous avez à faire est de lire le reste du livre, en gardant l'esprit ouvert; plus vous allez le comprendre, mieux ce sera. Même si vous ne comprenez pas grand-chose, tant que vous suivez les instructions, vous allez trouver ça facile. Plus important encore, vous n'allez plus ressentir le manque de porno ou vous sentir privé, et à la fin de ce livre le seul mystère sera pourquoi vous en avez consommé si longtemps.

Avec EasyPeasy, il y a seulement deux possibilités d'échec :

Ne pas respecter les instructions. Certains vont trouver ennuyeux que le livre est si dogmatique au sujet de certaines recommandations, comme ne pas essayer de réduire sa consommation ou ne pas utiliser de substitut. Je ne nie pas que certains ont réussi à quitter en utilisant ces ruses, mais ils ont réussi en dépit de celles-là, et non pas grâce à celles-ci. Certaines personnes peuvent faire l'amour sur un hamac, mais ce n'est pas la manière la plus facile. Les numéros pour ouvrir la serrure du piège sont dans ce livre, mais elles doivent être utilisées dans l'ordre pour être efficaces : partir du premier chapitre vers le suivant sans sauter de chapitre.

Ne pas réussir à comprendre. Ne prenez rien comme acquis, remettez en question ce que l'on vous dit, mais aussi votre manière de voir les choses et ce que la société vous a dit à propos du sexe, du porno et de l'addiction. Par exemple, pour ceux qui pensent que ce n'est qu'une habitude, demandez-vous pourquoi les autres habitudes -dont certaines sont appréciables- sont faciles à briser, alors qu'une habitude qui nous fait sentir mal nous coûte de l'énergie du temps et de la virilité est difficile à briser. Ceux qui pensent qu'ils aiment réellement le porno, demandez-vous pourquoi d'autres choses, qui sont infiniment plus agréables, sont à votre portée sans que vous le fassiez ? Pourquoi faut-il à tout prix consommer du porno et pourquoi paniquer si vous n'en avez pas ?

EasyPeasy est sur le point de vous donner le savoir d'à quel point quitter le porn est agréable et facile. Comme beaucoup d'autres, mon plus grand triomphe a été de quitter le piège du porno. Il n'y a pas de quoi se sentir déprimé, au contraire, vous êtes sur le point d'accomplir quelque chose que chaque consommateur sur terre adorerait atteindre : **LA LIBERTÉ !**

RAPPELEZ-VOUS, NE SAUTEZ PAS DE CHAPITRES.

Quelques termes récurrents avant de commencer :
PMO : Le cycle du Porno, de la Masturbation et de l'Orgasme.
Utilisateur : Personne consommant du porno
Non-Utilisateur : Personne ne consommant pas de porno
Ex-Utilisateur : Ancien utilisateur de porno
Harem en ligne : Autre façon de dire « site porno »

1.2 - Conseils pour votre lecture, et dernières notes mineures

Ne lisez pas ce livre comme un livre normal, il est très court et vous devriez pouvoir le lire en quelques heures. Prendre des notes et surligner aide la majorité des gens à mieux comprendre les concepts et mieux les appliquer, je vous recommande de le **relire** quelques fois pour solidifier ses notions.
Pourquoi un "hackbook" ? Parce que Allen Carr n'est plus de ce monde et les institutions qu'il a créé ne listent pas la pornographie comme une des addictions pour lesquelles ils offrent un traitement. Je ne gagne pas monétairement ou autrement de ce livre.
A travers ce livre, le "hack author" et Allen Carr vont apparaître dans le but de vous offrir une méthode unique pour arrêter facilement et sans douleur. Hackbook : Un livre basé sur un autre livre, l'auteur original est totalement crédité.

Rappel rapide: **NE SAUTEZ PAS DE CHAPITRE**

Je vous souhaite bonne chance, mais comme vous allez bientôt l'apprendre vous n'en aurez pas besoin.

2 - La Méthode EasyPeasy

L'objectif de ce livre est de vous emmener vers un nouvel état d'esprit. A l'inverse de la méthode "conventionnelle" pour arrêter (ou vous démarrez avec l'impression d'avoir à grimper le Mont Everest et passez les semaines suivantes à vouloir consommer et à vous sentir privé de quelque chose), vous démarrez immédiatement avec un sentiment de soulagement et d'excitation, comme si vous veniez de vous remettre d'une terrible maladie. À partir de là, plus vous avancerez dans la vie, plus vous regarderez en arrière vers cette période et vous demanderez comment vous avez bien pu tomber dans le porno en premier lieu. Vous éprouverez de la pitié envers les utilisateurs de porno, à l'opposé d'envie ou de jalousie.
En supposant que vous ne soyez pas quelqu'un qui n'a jamais été touché par l'addiction (peut-être lisez-vous pour un proche ou un ami) ou que vous ayez déjà arrêté (ou que vous soyez en période de pause dans un "régime anti-porno"), il est essentiel de continuer à utiliser le porno jusqu'à ce que vous ayez terminé entièrement le livre. Cela peut sembler contre-productif, et cette demande de continuer à vous masturber devant du porno suscitera sans doute une objection de votre part, mais au fil des chapitres, l'envie d'utiliser le porno diminuera. **Prenez ce conseil sérieusement : Essayer de quitter trop tôt ne vous bénéficiera en rien.**

Beaucoup ne terminent pas le livre car ils pensent qu'ils ont à abandonner quelque chose de valeur, certains ne lisant plus qu'une ligne par jour pour pouvoir retarder le moment fatidique. Voyez les choses ainsi : qu'avez-vous à perdre? Si vous n'arrêtez pas le porno à la fin de ce livre, vous ne serez pas pire qu'avant de l'avoir lu. C'est par définition ce que l'on nomme un Pari de Pascal : un pari ou vous n'avez rien à perdre et de grandes chances de gagner le jackpot.
Si vous n'avez pas regardé de porno durant les derniers jours ou semaines, mais n'êtes pas sûr de savoir si vous êtes un utilisateur ou non, alors continuez à ne pas faire usage de PMO durant votre lecture.

En vérité, vous êtes déjà un non utilisateur, nous allons juste devoir laisser votre cerveau rattraper votre corps. À la fin de ce livre, vous serez un non-utilisateur heureux. EasyPeasy est l'opposé complet de la méthode habituelle, ou l'abstinent liste les désavantages nombreux du porno et se dit :

"Si seulement je peux rester suffisamment longtemps sans voir de porno, alors l'envie s'en ira et je pourrais enfin apprécier la vie, libre de cet esclavage."

C'est la façon la plus logique d'aborder le problème, avec des milliers tentant d'en sortir chaque jour via cette méthode. Cependant, il est extrêmement difficile d'y arriver de cette façon pour les raisons suivantes.

Se contenter d'arrêter la PMO n'est pas le réel problème. À chaque fois que vous terminez une session, vous arrêtez de l'utiliser. Peut-être avez-vous des raisons valables le premier jour de votre régime "une fois tous les 4 jours" pour dire : "Je ne veux plus utiliser de porno ou même me masturber à l'avenir." Tous les utilisateurs le pensent, et leurs raisons sont parfois bien plus puissantes que ce que vous pouvez imaginer. Le vrai problème reste qu'un jour arrivera, après 2, 10 ou même 10000 jours sans PMO où vous aurez un moment de faiblesse et vous direz "bon allez, juste une fois et après on arrête", retombant ainsi dans le cercle vicieux et vous retransformant en addict comme si vous n'aviez jamais quitté en premier lieu.

La prise de conscience sur les risques liés à la PMO génère de la peur, rendant l'arrêt plus difficile. Dites à un utilisateur que le porno détruit leur virilité et la première chose qu'ils feront est d'attraper quelque chose pour soulager leur dopamine : une cigarette, de l'alcool, ou même lancer leur navigateur pour visionner du porno.

Toutes les raisons valables d'arrêter rendent la chose plus difficile. C'est dû au fait de deux choses. Primo, nous sommes continuellement forcés de laisser tomber notre "ami intime" ou un quelconque vice ou plaisir (dépendant de la façon dont l'utilisateur perçoit la chose). Deuxio, ils s'aveuglent volontairement. Nous ne nous masturbons pas pour les raisons qui nous poussent à arrêter. La vraie question est : POURQUOI avons-nous BESOIN de le faire?

Avec EasyPeasy, nous oublierons (dans un premier temps) les raisons qui nous poussent à arrêter. À la place, nous regarderons le problème du porno en face et nous poserons les questions suivantes :

1. Qu'est-ce que le porno fait pour moi?
2. Est-ce que j'apprécie vraiment tout cela?
3. Ai-je vraiment besoin de passer ma vie à saboter mon esprit et mon corps?

La magnifique vérité est que *n'importe quelle itération du porno* ne fait absolument rien pour vous. Je vais être très clair : ce n'est pas que les désavantages d'être un utilisateur surpassent les avantages, c'est qu'il n'y a **aucun avantage** à regarder du porno.

Beaucoup d'utilisateurs pensent utile de rationaliser leur utilisation du porno, mais les raisons qu'ils s'inventent sont en vérité toutes fallacieuses et illusoires.

Premièrement, nous détruirons ces fallacieuse et illusions. En fait, vous allez très vite réaliser qu'il n'y a rien à abandonner. Non seulement ça, mais il y a des gains positifs et merveilleux à ne pas être un utilisateur de porno, avec le bien-être personnel et le bonheur n'étant que deux des nombreux gains. Une fois que l'illusion que la vie ne sera pas aussi appréciable sans le porno est détruite, en réalisant que non seulement la vie est appréciable sans, mais l'est encore plus que si l'on avait continué dans l'addiction. Une fois que les sentiments d'être privé de quelque chose ou de rater quelque chose sont éradiqués, nous pourrons retourner à nos raisons premières de quitter la PMO : le bien-être, le bonheur, la santé, etc... Ces réalisations deviendront des aides très précieuses pour vous permettre d'achever ce que vous désirez : **profiter de la vie sans être l'esclave de la pornographie et de la masturbation !**

3 - Pourquoi est-ce difficile d'arrêter?

Tous les utilisateurs sentent qu'une sorte de démon les possède. Dans les premières phases de l'addiction, c'est une simple question de *"Je vais arrêter, mais pas aujourd'hui",* mais au fil du temps on se dit que l'on manque de volonté pour s'en sortir ou qu'il y'a quelque chose d'inhérent au porno qu'il nous faut pour pouvoir profiter de la vie. L'addiction à la pornographie est comparable à l'escalade d'un trou aux parois glissantes : alors que vous approchez du sommet, vous voyez enfin le Soleil, mais vous glissez inexorablement quand votre mental s'affaiblit. Au final, vous allumez votre navigateur, et alors que vous vous masturbez, vous vous sentez minable et essayez de comprendre pourquoi vous avez besoin de le faire.

Demandez à un utilisateur : *"Si tu pouvais revenir dans le temps avant que tu ne sois accro au porno, avec les connaissances que tu possèdes aujourd'hui, deviendrais-tu un utilisateur?"*

"Jamais de la vie!" sera sa réponse.

Demandez à l'utilisateur confirmé, quelqu'un qui défend le porno et ne crois pas qu'il y ait quelconques désavantages, dangers au cerveau ou aux récepteurs de dopamine: *"Est-ce que tu encouragerais ton enfant à visionner du porno?"*

"Jamais de la vie!" sera encore une fois sa réponse.

Le porno est une énigme bien étrange. Comme mentionné précédemment, le problème n'est pas d'expliquer pourquoi il est facile d'arrêter, mais pourquoi c'est difficile. Le véritable souci est d'expliquer pourquoi tout le monde continue à en consommer après avoir pris connaissance de ses effets graves sur le plan neurologique. Une partie de la raison pour laquelle nous commençons est due aux dizaines de millions de personnes qui sont déjà dedans, bien que tous ceux qui souhaiteraient ne jamais avoir commencé nous disent que c'est comme vivre sa vie en arrière-plan, incapables d'atteindre leur véritable potentiel. Il nous est difficile de croire qu'ils apprécient cela. Beaucoup d'entre nous l'associent à la liberté et à l'idée d'être "éduqué sexuellement", et nous travaillons dur pour devenir dépendants nous-mêmes. Nous passons alors le reste de nos vies à dire aux autres de ne pas tomber dans ce piège et à essayer de détruire l'addiction qui nous affecte.

Nous passons aussi une partie significative de notre temps à nous sentir misérables et malheureux. Nous "éduquer" avec les stimuli supranormaux nous fait au final préférer et revenir vers ces images et vidéos froides, même quand de vraies expériences sont disponibles! Avec le jeu de va-et-vient constant que fait notre taux de dopamine altéré par la PMO, nous nous condamnons à une vie d'irritabilité, de colère, de stress, de fatigue et de dysfonctionnement sexuel. Utilisant le porno, dépourvu des meilleures parties du véritable sexe et de la connexion intime, nous finissons par nous sentir misérables et coupables.

En vérité, lire à propos de la pornographie et de ses facettes addictives et destructrices ici ou sur d'autres sites nous rend encore plus nerveux et pessimiste. Quel genre de hobby est fait de telle façon à ce que l'on veuille ne pas en faire quand on en fait, et que l'on veuille faire lorsqu'on en fait pas? Les utilisateurs se détestent encore un peu plus chaque fois qu'ils lisent sur l'hypofrontalité et la désensibilisation, chaque fois qu'ils utilisent du porno dans le dos de leur partenaire, chaque fois qu'ils n'arrivent pas à pratiquer leur sport après une session journalière. Un être humain pourtant intelligent et rationnel passe alors ses journées dans un vide indescriptible. Mais pire encore, qu'est-ce que les utilisateurs obtiennent en échange de devoir endurer la vie avec toutes ces ombres noires dans le recoin de leur esprit? **ABSOLUMENT RIEN!**

Vous penserez peut-être *"C'est bien beau tout ça, je le sais déjà, mais une fois que t'es là-dedans c'est presque impossible d'en sortir."*. Mais pourquoi est-ce si difficile? Certains disent que c'est à cause des effets du manque, mais comme vous allez bientôt l'apprendre, les véritables effets de manque sont si faibles que vous devez savoir qu'une grande partie des addicts à la PMO ont vécu et sont morts sans réaliser qu'ils étaient littéralement drogués.

Certains diront aussi que, étant donné que le prono sur internet est gratuit, tout le monde devrait profiter de cette aberration, mais c'est faux. Il s'agit bien d'une addiction qui fonctionne comme n'importe quelle autre drogue. Demandez à un utilisateur qui ne jure qu'il n'apprécie que le contenu "érotique" comme des magazines Playboy s'ils ont déjà une seule fois touché a un "vrai porno", et si complètement honnêtes, ils avoueront les rares fois où ils ont traversé le Rubicon, au lieu de ne rien utiliser du tout.

Le plaisir n'a également rien à voir avec tout ça : j'aime manger des écrevisses, mais je ne suis jamais allé à un point ou je sentais le besoin profond d'en manger tous les jours. Les bonnes choses de la vie, on les apprécie quand on les a, mais on ne reste pas assis à se sentir en manque quand on ne les a pas.

Certains disent :

"C'est éducatif!" Donc, quand est-ce que tu recevras ton diplôme?

"C'est de la satisfaction sexuelle!" Donc pourquoi le faire tout seul au lieu de trouver un partenaire et de l'apprécier à plusieurs?

"Cela me permet de me détendre" Se détendre du stress de la vraie vie? Le porno n'enlèvera jamais la source de ton stress, mais au contraire y contribuera grandement.

Beaucoup croient que le porno empêche l'ennui, ce qui est également fallacieux.

L'ennui est un état d'esprit. Le porno vous habitue à toujours rechercher la nouveauté en un rien de temps, vous rendant plus sensible à l'ennui, et ce jusqu'à ce que vous participiez au jeu malsain de chercher la scène ou l'image parfaite. Tout cela causera votre cerveau à toujours rechercher de la nouveauté, partout, tout le temps (et plus c'est choquant et déviant, mieux c'est).

D'autres disent qu'ils ne le font que parce que leurs amis le font, et que tous ceux qu'ils connaissent le font également. Si tel est le cas, priez pour que vos amis ne commencent pas à couper leur tête pour guérir un mal de crâne! La majorité des utilisateurs qui prennent tout cela en compte finiront par penser que ce n'est qu'une simple "habitude". Cela ne permet pas d'expliquer ou de rationaliser le problème, mais alors que l'utilisateur non-averti aura automatiquement discrédité les véritables explications, il ne lui restera plus que cela comme raison. Malheureusement, c'est tout à fait illogique. Chaque jour de nos vies nous prenons et nous nous défaisons d'habitudes, certaines d'entre elles étant agréables. Nous avons été victimes d'une propagande qui veut nous faire croire que la PMO est une habitude et que les habitudes sont difficiles à rompre.

Les habitudes sont-elles *vraiment* difficiles à rompre? Les automobilistes en France ont l'habitude de conduire du côté droit de la route, mais pourtant, quand ils se rendent au Royaume-Uni, ils sont bien capables de casser leur habitude pour rouler à gauche sans trop de problèmes. Il est honteusement erroné de dire que les habitudes sont difficiles à rompre. Nous créons et cassons des habitudes chaque jour. Alors pourquoi diable trouvons-nous difficile de rompre une habitude qui nous déprime quand on ne la fait et coupable quand on la fait, une que l'on aimerait casser de toute façon, quand tout ce que nous avons à faire est juste *de l'arrêter?*

La réponse à tout cela est que le porno n'est pas une habitude, **c'est une addiction!** C'est pour cela qu'il semble si difficile de s'en défaire. Beaucoup d'utilisateurs ne comprennent pas les mécanismes fondamentaux de l'addiction et pensent qu'ils tirent un réel plaisir de la PMO. Ils pensent qu'ils commettent un sacrifice en quittant...

La magnifique vérité est que lorsque vous comprenez la vraie nature de l'addiction au porno ainsi que les raisons qui vous poussent à l'utiliser, vous vous libérez immédiatement, juste comme ça. En 3 semaines, le seul mystère qu'il subsistera sera de savoir pourquoi vous avez un jour trouvé la consommation de porno nécessaire pendant aussi longtemps que vous l'avez été et pourquoi vous n'arrivez pas à persuader les autres du *caractère merveilleux d'être un non-utilisateur!*

3.1 - *Le piège le plus sournois*

Le porno internet est le plus subtil et sinistre piège que l'homme et la nature se sont alliés pour créer. C'est le seul piège naturel dont la préparation ne requiert aucun travail compliqué. Certains d'entre nous sont même alertés du danger, mais il nous est difficile de concevoir que l'on ne tire aucun plaisir de cette pratique. Mais qu'est-ce qui nous fait tomber dans le piège en premier lieu? Typiquement, des échantillons gratuits des amateurs et des professionnels qui les partagent. C'est ainsi que le piège est enclenché, votre première "dose" est de piètre qualité, avec la majorité des miniatures sur les sites porno étant mal faites ainsi que les clips maison de modèles inconnues. Si l'expérience du pur novice était celle de d'actrices parfaites et de beautés professionnelles, alors la sonnette d'alarme de son cerveau s'activerait.

A cause de cette première expérience étrange, nos jeunes esprits se rassurent et pensent qu'ils ne deviendront jamais addicts, pensant que, parce que cela ne nous plait pas, que l'on peut arrêter dès que désiré. En tant qu'humains intelligents, nous comprenons alors peu à peu pourquoi la moitié de la population adulte est systématiquement addicte à quelque chose qui les empêche de réaliser les choses qu'ils passent pourtant des heures à regarder chaque semaine voir chaque jour. La curiosité nous amène de plus en plus près du pas de la porte, mais nous restons encore à ce stade éloigné de certains contenus, pensant qu'ils nous rendront malades. Et si jamais le novice a le malheur de cliquer accidentellement dessus, sa seule envie sera de fuir la page aussi vite que possible.

Nous passons alors le restant de nos jours à essayer de comprendre ce qui nous a poussé à faire tout cela, à conseiller à nos enfants de ne jamais y toucher, et à des intervalles irréguliers tenter de nous en échapper. Le piège est conçu de telle façon à ce que seul un incident (soit-il professionnel, familial, sexuel…) ou le sentiment général de ne pas être satisfait de la vie puisse nous pousser à tenter de s'en libérer. Dès que nous nous arrêtons, le stress s'accumule dû aux effets de manque, étant donné que notre source d'élimination du stress est désormais coupée.

Après des jours de pure torture, on en vient à la conclusion que nous avons simplement choisi le mauvais moment pour arrêter, et nous décidons qu'il vaut mieux attendre une période sans stress, qui, une fois arrivée, enlève l'une des principales raisons qui nous poussaient à vouloir arrêter. Bien entendu, cette période n'arrivera jamais sachant que nous pensons tous nos vies comme des accumulateurs à stress, stress qui ne s'en va pas et continue d'augmenter. Quitter la protection du foyer parental, les responsabilités du travail, entretenir son domicile, les dettes, les enfants, de plus grandes dettes pour de plus grandes maisons et encore plus d'enfants… Tout cela est illusoire, la vérité étant que les périodes les plus stressantes de la vie d'un homme sont son enfance et son adolescence.

Il est commun de confondre "responsabilités" et "stress". La vie d'un utilisateur, tout comme celle d'un toxicomane, devient automatiquement plus stressante parce que le porn ne détend pas du stress, comme certains voudraient le faire croire. C'est précisément l'inverse, causant l'augmentation du stress après chaque utilisation. Même les utilisateurs qui chassent l'addiction (beaucoup le font une ou plusieurs fois au cours de leur vie) peuvent vivre la plus heureuse des vies, et soudainement retomber dans l'addiction. Arpenter le labyrinthe pornographique fatigue nos esprits et nous passons le restant de nos vies à tenter de s'en échapper. Beaucoup y parviennent, avant de retomber une fois de plus dans le piège à une date ultérieure.

L'addiction à la PMO est un puzzle complexe et fascinant. Similaire à un Rubiks Cube, il est pratiquement impossible à résoudre. Mais une fois que l'on connaît la solution du puzzle, il devient aisé de le résoudre une bonne fois pour toutes ! La méthode EasyPeasy contient la solution à ce puzzle, vous sortant du labyrinthe pour ne plus jamais avoir à y retourner un jour. Tout ce que vous avez à faire est de suivre les instructions. Si vous prenez un mauvais virage, le reste des instructions sera alors inutile.

Chacun est capable d'arrêter la PMO facilement, mais nous devons d'abord établir les faits. Non, pas les faits qui sont conçus pour vous effrayer, il y'en a déjà plus qu'assez sur Internet. Si cela était suffisant pour vous faire arrêter, vous l'auriez déjà fait sans aucun souci. Mais pourquoi trouvons-nous difficile de quitter le porno et la masturbation? Répondre à cette question nécessite de connaître la véritable raison qui nous pousse à encore consommer du porno. Tout cela est réduit à deux facteurs que voici :

- La relation entre la nature du cerveau humain et un phénomène comme le porno

- La propagande (lavage de cerveau, si vous préférez)

Les consommateurs de porno sont intelligents et rationnels. Ils savent qu'ils prennent d'énormes risques futurs donc ils passent leur temps à tenter de rationaliser leur "habitude". Mais les utilisateurs de porno, au fond eux, savent qu'ils se mentent à eux-mêmes, savent qu'ils n'avaient aucun besoin d'en consommer avant de devenir accros... Beaucoup se rappellent que leur première "dose" était un mélange de révulsion et de curiosité nouvelle (malsaine?). Ils passent alors un temps précieux à filtrer les contenus, trier par catégories, télécharger des vidéos et images, noter les noms des sites, etc... Ils travaillent dur pour devenir des addicts.

De façon plus énervante, il faut savoir que les non-accros, dont beaucoup de femmes, de personnes âgées et ceux qui vivent dans des pays où l'internet haut débit est indisponible, non seulement ne ressentent aucun manque mais trouvent en plus la situation amusante. En démontant ces facteurs dans les prochains chapitres, vous aussi serez en mesure de comprendre la nature du piège sinistre !

4 - La nature de l'addiction

Le porno sur Internet fonctionne en détournant le mécanisme de récompense naturel réglé pour vous pousser à vous reproduire aussi longtemps que possible. L'instantanéité et l'accessibilité de la pornographie en ligne garde le mécanisme de récompense du cerveau en production de dopamine bien plus longtemps qu'en temps normal. En science, ceci est appelé l'effet Coolidge, que vous connaissez peut-être déjà.

La dopamine est un neurotransmetteur associé aux sentiments de désirs, avec du plaisir réel créé par des opioïdes. Plus de dopamine, plus d'opioïdes et plus d'action. Sans dopamine, des activités comme manger ne sont pas agréables et ne créent pas de besoin, les aliments riches en graisses et en sucre produisant la plus grande libération de molécules biochimiques.

La dopamine est aussi libérée en réponse à la nouveauté. Avec une quantité visiblement infinie de pornographie disponible, ceci inonde le système limbique (circuit de récompense), donc la première fois que vous regardez du porno vous agissez, avez un orgasme et déclenchez une autre inondation d'opioïdes. Incité à avoir autant de dopamine que possible, votre cerveau stocke ceci comme un raccourci pour s'en rappeler facilement et renforce les voies neuronales à travers la libération d'une molécule biochimique appelée DeltaFosB. Maintenant, le cerveau utilise ces voies en réponse à des signaux tels qu'une publicité sexy, du temps seul, du stress ou même se sentir légèrement déprimé, et soudainement vous êtes prêt à "glisser dans le toboggan". A chaque fois que c'est répété, encore plus de DeltaFosB est libéré et le toboggan est graissé, actif et plus facile à descendre pour la prochaine fois.

Le système Limbique à un système d'auto-correction pour réduire le nombre de récepteurs de dopamine et d'opioïde quand des inondations fréquentes et quotidiennes de dopamines sont détectées.

Malheureusement, ces récepteurs sont nécessaires pour nous garder motivés à gérer le stress du quotidien. Les montants nominaux de dopamine produit par des récompenses naturelles ne sont tout simplement pas comparable à la pornographie et ne sont pas aussi efficacement absorbé par les récepteurs réduit, ce qui vous mène à vous sentir plus stressé et irrité que d'habitude. Ce processus est connu sous le nom de désensibilisation.

Dans ce cycle, si vous franchissez la "ligne rouge" vous provoquez des émotions telles que la culpabilité, le dégoût, l'embarras, l'anxiété et la peur, qui à leur tour augmentent les niveaux de dopamine et cause le cerveau à mal interpréter ces sentiments comme de l'excitation sexuelle.

Alors que le temps passe, non seulement le cerveau est désensibilisé aux anciennes vidéos qu'il a vues, mais aussi aux genres similaires et au niveau de choc qu'ils représentent. Cette plus basse motivation déclenche des sentiments de moins bonne satisfaction tandis que nos cerveaux s'engagent dans un classement constant, vous poussant à rechercher de meilleures vidéos pour satisfaire cette faim. Donc vous recherchez plus de nouveauté, cliquant sur les vidéos amateurs et provocatrice de chocs de la page d'accueil dont vous disiez avec assurance que vous ne les regarderez pas lors de votre première visite.

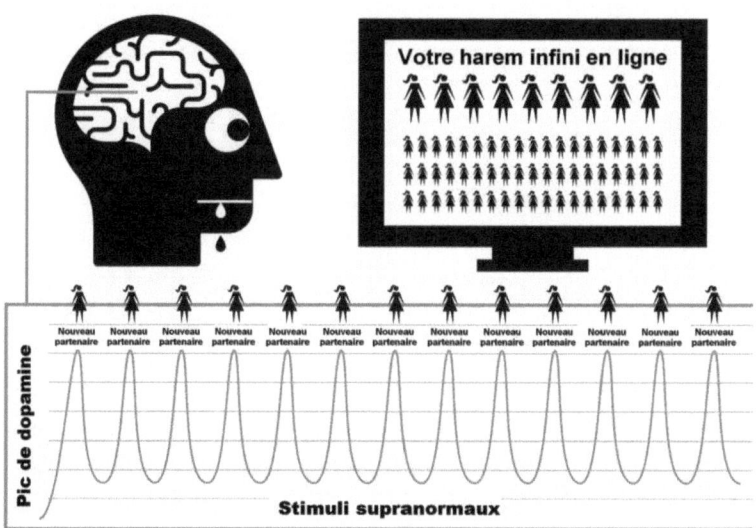

"Car c'est dans la rosée des petites choses que le cœur trouve son matin et se rafraîchit"

- Kahlil Gibran

Un sentiment fugace de sécurité est tout ce qui est nécessaire pour traverser une période difficile de sa vie, mais votre cerveau désensibilisé sera-t-il capable d'attraper cette goutte de déstressant qu'un non-utilisateur pourra utiliser ?

Les inondations de dopamine agissent comme une drogue à action rapide, retombant rapidement et provoquant des effets de sevrage. Beaucoup d'utilisateurs ont l'illusion que ces effets sont le terrible traumatisme dont ils souffrent quand ils essaient où sont forcés d'arrêter. En fait, ces effets sont principalement mentaux puisque l'utilisateur se sent privé de son plaisir ou de son soutien.

4.1 - Le Petit Monstre

Le véritable sevrage chimique dû au porno est si subtil que la plupart des utilisateurs vivent et meurent sans réaliser qu'ils étaient addicts à une drogue. Beaucoup d'utilisateurs ont peur des drogues, pourtant c'est exactement ce qu'ils sont, des drogués. Heureusement il s'agit d'une drogue facile à éliminer, mais vous devez avant tout accepter que vous soyez, en réalité, addict. Le sevrage de porno ne cause aucune douleur physique et n'est simplement qu'un sentiment vide, persistant, de quelque chose qui manque, ce qui est pourquoi beaucoup croient que cela a à voir avec le désir sexuel. Prolongé, ce sentiment devient nervosité, insécurité, agitation, faible confiance en soi et irritabilité. C'est comme une faim, pour un poison.

Dans les secondes d'engagement dans une session, la dopamine est procurée et la faim disparaît, résultant en un sentiment de satisfaction alors que vous glissez dans le toboggan. Les premiers jours, les effets de sevrage et leur soulagement subséquent sont si légers que nous ne sommes pas conscients de leur présence. Quand nous devenons des utilisateurs réguliers, nous croyons que c'est car nous avons fini par les apprécier ou avons "l'habitude". La vérité étant que nous sommes déjà accros mais nous ne le réalisons pas. Le petit monstre est déjà dans nos cerveaux, donc de temps en temps nous glissons dans le toboggan pour le nourrir.

Tous les utilisateurs commencent à rechercher du porno pour des raisons irrationnelles. La *seule* raison pour laquelle qui que ce soit continue à utiliser du porno, qu'il soit un utilisateur occasionnel ou intensif, est pour nourrir ce petit monstre. Tout ce casse-tête est une série de cruelles et déroutantes punitions, mais l'aspect le plus pathétique est peut-être le plaisir qu'un utilisateur obtient d'une session, essayant de retrouver ce sentiment de paix, de tranquillité et de confiance en soi que son corps avait en premier lieu avant d'être accros.

4.2 - L'alarme agaçante

Connaissez-vous ce sentiment lorsque l'alarme de la maison d'un voisin a sonné toute la journée - ou un autre petit agacement persistant - puis le bruit s'arrête soudainement et de merveilleux sentiments de paix et de tranquillité vous traversent ? Ce n'est pas vraiment de la paix, mais la fin d'un agacement. Avant de commencer la prochaine session nos corps sont complets, mais alors nous forçons notre cerveau à pomper de la dopamine et quand nous avons terminé et qu'elle commence à disparaître, nous souffrons des effets de sevrages. Ce ne sont pas des douleurs physiques, simplement un sentiment de manque. Nous ne sommes même pas conscients de son existence mais c'est comme un robinet qui fuit dans notre corps.

Nos esprits rationnels ne le comprennent pas, mais ils n'en ont pas besoin. Tout ce que nous savons c'est que nous désirons du porno et que quand nous nous masturbons le désir disparaît. Cependant, la satisfaction est temporaire car afin de soulager cette envie plus de porno est nécessaire. Dès que vous jouissez, le désir réapparaît et le piège continue de vous retenir. Une boucle de rétroaction, à moins que vous ne la brisiez !

Le piège du porno peut se comparer à porter des chaussures trop petites juste pour le plaisir de les retirer. Il y a trois principales raisons pour lesquelles les utilisateurs ne peuvent le voir ainsi.

1. Depuis la naissance, nous avons été sujets à énormément de lavages de cerveau nous disant que le porno sur internet est juste un autre progrès moderne qui a remplacé la version imprimée du porno. Ce mensonge est emballé dans la vérité que la masturbation n'est pas dangereuse, alors pourquoi ne devriez-vous pas les croire ?
2. Car le manque physique de dopamine ne déclenche aucune douleur physique, simplement un sentiment anxieux de manque inséparable de la faim et du stress normal, ce sentiment se transforme en une session de porno car ce sont exactement les moments dans lesquels nous avons tendance à

rechercher du porno en ligne. Nous avons tendance à considérer ce sentiment comme normal.
3. Cependant, la principale raison pour laquelle les utilisateurs échouent à voir le porno en ligne sous son vrai jour est car il fonctionne à l'envers. C'est quand vous n'en consommez *pas* que vous souffrez du manque. Car le processus menant à l'addiction est incroyablement subtil et graduel dans les premiers jours, le sentiment de manque est vu comme normal et la précédente session n'est donc pas mise en cause. Au moment où le navigateur est lancé et que vous commencez votre session, vous obtenez un boost immédiat et devenez moins nerveux est plus détendu, et le porno en ligne en obtient le crédit.

Ce processus inversé rend toutes les drogues difficiles à renoncer. Imaginez l'état de panique d'un addict à l'héroïne sans aucune héroïne; maintenant imaginez la joie profonde quand il peut enfin plonger une aiguille dans ses veines. Les personnes non addict à l'héroïne ne souffrent pas de cette panique.

L'héroïne ne libère pas réellement de la panique, elle la cause. De façon similaire, les non-utilisateurs ne souffrent pas de sentiment de manque et de besoin de porno en ligne, ou de panique quand ils sont déconnectés. Les non-utilisateurs ne peuvent pas comprendre comment les utilisateurs peuvent possiblement obtenir du plaisir de vidéos en 2 dimensions sans son avec des corps aux proportions anormales. Au final, les utilisateurs ne le comprennent pas non plus.

On parle du porno comme étant relaxant ou satisfaisant, mais comment pouvez-vous être satisfait à moins d'être insatisfait en premier lieu ? Un non-utilisateur ne souffre pas de cet état d'insatisfaction, complètement détendu après un rendez-vous sans sexe, alors que l'utilisateur ne l'est pas avant d'avoir satisfait son "petit monstre".

4.3 - Un plaisir ou un soutien ?

Un rappel important - la raison principale pour laquelle les utilisateurs trouvent difficile d'arrêter est dû à la croyance qu'ils abandonnent un réel plaisir ou un soutien. Il est essentiel de comprendre que vous n'abandonnez *absolument rien* dans tous les cas. La meilleure façon de comprendre les subtilités du piège du porno est de le comparer à l'acte de manger. L'habitude de repas régulier fait que nous n'avons pas faim entre les repas, seulement conscient de celle-ci quand le repas est retardé. Il n'y a pas de douleur physique, juste un sentiment de manque reconnu comme la faim. Le processus de satisfaire notre faim est une expérience très agréable.
La pornographie a l'air d'être presque identique, mais elle ne l'est pas. Comme la fin, il n'y a aucune douleur physique et le mécanisme de récompense fonctionne de manières similaires, mais c'est cette similarité avec l'acte de manger qui piège l'utilisateur et lui fait croire qu'il y a un réel plaisir ou soutien. Malgré que manger et le porno semble être très similaire, en réalité ils sont des totales opposés.

- Vous mangez pour survivre et avoir de l'énergie dans votre vie, là où le porno obscurcit et réduit votre mojo.

- La nourriture a réellement bon goût et manger est une expérience réellement agréable que nous apprécions tout au long de nos vies. Le porno implique d'auto détruire les récepteurs de bonheurs et ainsi détruit vos chances de vous en sortir et de vous sentir heureux.

- Manger ne crée pas la faim et la soulage réellement, là où la première session de porno commence le désir de dopamine ainsi que chaque session subséquente. Loin de le soulager, il assure d'en souffrir pour le reste de votre vie.

Manger est-il une habitude ? Si vous le pensez, essayez de la rompre complètement ! Décrire manger comme une habitude serait décrire respirer comme une habitude, les 2 sont essentiels à la survie. C'est vrai que les gens ont l'habitude de satisfaire leur faim à différents moments avec des types de nourritures différentes, mais manger en soi n'est pas une habitude. Tout comme le porno. La seule raison pour laquelle un utilisateur lance le navigateur est pour essayer de faire disparaître les sentiments de manque que la session précédente a causé, à différents moments avec différents genres allant en s'intensifiant.

Sur internet, le porno est fréquemment mentionné comme une habitude et par commodité "EasyPeasy" mentionne également "l'habitude". Cependant, soyez constamment conscient que le porno n'est pas une habitude, c'est une **addiction à la drogue !** Quand on commence à utiliser du porno, nous devons nous forcer à faire avec. Sans nous en rendre compte, nous escaladons vers de la pornographie de plus en plus bizarre et choquante. Le frisson se trouve dans la chasse, pas dans le fait de tuer, la dopamine quittant rapidement le corps après l'orgasme, expliquant pourquoi les utilisateurs veulent "edge" ("edging" : retarder l'orgasme) en naviguant entre différents onglets et fenêtres.

4.4 - Franchir la ligne rouge

Comme avec n'importe quelle autre drogue, le corps a tendance à développer une immunité aux effets des mêmes vieilles vidéos, notre cerveau désirant plus ou autre chose. Après de courtes périodes à regarder la même vidéo, elle cesse complètement de soulager le sentiment de manque que la session précédente a créé. Il y a une lutte acharnée qui prend place dans ce paradis du porno, vous voulez restez du côté sans danger de votre "ligne rouge" mais votre cerveau vous demande de cliquer sur le fruit défendu.

Vous vous sentez mieux après vous être engagé dans cette session de porno, mais vous êtes plus nerveux et moins détendu que quelqu'un qui n'a jamais commencé, bien que vous viviez dans ce supposé paradis pornographique. Cette position est encore plus ridicule que de porter des chaussures serrées car alors que vous avancez dans la vie un inconfort de plus en plus grand subsiste après avoir retiré les chaussures. Car l'utilisateur sait que le petit monstre doit être nourri, il décide lui-même du temps, ayant tendance à être en 4 types d'occasions ou une combinaison de celles- ci.

Ennui / Concentration - Deux opposés complets ! Stress / Relaxation - Deux opposés complets !

Quelle drogue magique peut soudainement inverser les effets même qu'elle avait quelques minutes plus tôt ? La vérité est que le porno ne libère pas plus du stress et de l'ennui qu'il ne permet la concentration et la détente. Si vous y pensez, quels autres types d'occasions y a-t-il dans nos vies, excepté le sommeil ? Si vous pensez réduire votre consommation à des genres "réaliste" ou "soft" de porno, notez s'il vous plaît que le contenu de ce livre s'applique à tout type de porno, imprimé, par webcam, à la demande, par chat, show en direct, etc. Le corps humain est la chose la plus sophistiquée sur cette planète, mais aucune espèce, même la plus infime amibe, ou le plus infime ver, survit sans connaître la différence entre de la nourriture et du poison.

Par la sélection naturelle, nos esprits et nos corps ont développé des techniques pour récompenser les actions qui multiplient et sustentent les hommes. Ils ne sont pas préparés à des stimuli supranormaux qui sont plus grands, plus vif et plus audacieux que tout ce que l'on trouve dans la nature, même les plus douces images en 2 dimensions nous rendent excités. Mais regardez répétitivement la même image et vous ne le serez pas. Dans la réalité, l'équilibre des choses assure que vous fassiez autre chose mais le porno en ligne n'a pas de telles limitations, vous poussant à passer votre vie dans un harem virtuel !

C'est un mensonge que les personnes physiquement et mentalement faibles deviennent des utilisateurs, les chanceux étant ceux qui ont trouvé leur première visite répugnante et ont été soignés à vie. Alternativement, ils ne sont mentalement pas prêts à traverser le processus d'apprentissage sévère de se battre pour finir accros, ont peur de "se faire attraper" ou ne s'y connaissent pas assez pour utiliser les paramètres de navigation privé des navigateurs. Peut-être la partie la plus tragique de toute l'affaire se rapporte aux adolescents - sachant naviguer et couvrir leurs traces - qui commencent en chiffres toujours plus grands.

Apprécier le porno en ligne est une illusion. Sauter d'un genre à l'autre, gardant simplement notre "singe" de nouveauté à l'intérieur de la "ligne rouge" de genres "sans danger" de pornographie pour avoir notre dose de dopamine. Comme des accros à l'héroïne, tout ce qu'ils apprécient réellement est le rituel pour soulager ces effets de manque.

4.5 Le "Trip" de la danse autour de la Ligne Rouge

Même avec la vidéo sur laquelle ils s'attardent, les utilisateurs apprennent à filtrer les portions mauvaises ou répugnantes d'une vidéo porno. Même quand c'est une vidéo solo, ils la filtrent pour conserver les parties du corps qui les attirent le plus. En réalité, certains prennent du plaisir dans cette danse autour de la ligne rouge, trouvant des excuses pour déclarer qu'ils aiment les "trucs softs" et ne sont pas accros aux stimuli supranormaux. Mais demander à un utilisateur qui croit qu'il se tient à un certain acteur ou un certain genre, *"Si tu ne peux pas avoir ta marque de porno habituelle et ne peut obtenir qu'un genre risqué, est-ce que tu arrêtes de te masturber ?"*
Certainement pas ! Un utilisateur va se masturber sur n'importe quoi, escaladant à travers les genres, les différences d'orientations sexuelles, les acteurs se ressemblant, les cadres risqués, les relations choquantes, n'importe quoi pour satisfaire le petit monstre. Au début tout cela a mauvais goût, mais avec assez de temps vous apprendrez à les apprécier. Les utilisateurs vont chercher à satisfaire le manque après avoir eu une vraie relation sexuelle, après un long jour de

travail, une fièvre, un rhume, une grippe, un mal de gorge et même durant un séjour à l'hôpital.

Le plaisir n'a rien à voir avec ça, si vous désirez du sexe, cela n'a pas de sens d'être sur votre ordinateur. Certains utilisateurs trouvent alarmant de réaliser qu'ils sont des drogués et croient qu'il sera encore plus difficile d'arrêter. En fait, c'est une bonne nouvelle pour 2 raisons importantes.
1. La raison pour laquelle beaucoup continuent d'utiliser du porno, malgré que nous sachions que les désavantages sont bien plus grands que les avantages, est car nous croyons qu'il y a quelque chose dans le porno que nous apprécions réellement ou qu'il agit comme une sorte de soutien. Nous sommes dans l'illusion qu'après que nous arrêtions d'en utiliser, il y aura un vide, que certaines situations dans notre vie ne seront plus jamais vraiment les mêmes. En fait le porno non seulement n'apporte rien, mais il enlève seulement.
2. Bien que le porno en ligne soit le déclencheur d'inondations de dopamine à partir de nouveauté et de sexe le plus puissant, à cause de la vitesse à laquelle vous devenez accros vous n'êtes jamais gravement accros. Les véritables effets de sevrage sont si faibles que la plupart des utilisateurs vivent et meurent sans réaliser qu'ils en ont souffert.

Pourquoi alors autant d'utilisateurs trouvent-ils si difficile de s'arrêter, traversant des mois de tortures et passant le reste de leurs vies à se languir de porno dans des moments singuliers ? La réponse est la seconde raison, le lavage de cerveau. L'addiction aux neurotransmetteurs est facile à gérer, la plupart des utilisateurs passant des jours sans porno pendant des voyages d'affaires ou des vacances, sans souffrir du manque. Leur petit monstre se sent en sécurité sachant que vous ouvrirez votre ordinateur dès que vous retournerez à votre chambre d'hôtel. Vous pouvez supporter votre odieux client et votre patron mégalomane, sachant que votre dose est prête à être prise.

4.6 - L'analogie du fumeur

Une bonne analogie est celle du fumeur de cigarettes. S'ils passaient 10 heures de leur journée sans une cigarette ils s'arrachaient les cheveux, mais beaucoup de fumeurs iront acheter une nouvelle voiture et se retiendront de fumer dedans. Beaucoup iront au théâtre, au supermarché, à l'église et ne pas pouvoir fumer ne leur causera aucun problème. Même dans les trains et les avions il n'y a eu aucune émeute. Les fumeurs sont presque heureux quand quelqu'un ou quelque chose les empêchent de fumer.
Les utilisateurs se retiendront automatiquement d'utiliser du porno en ligne chez leurs parents ou durant des réunions de familles ou d'autres évènements avec quelques petits inconvénients. En fait, la plupart des utilisateurs ont des périodes prolongées durant lesquelles ils s'abstiennent sans aucun effort. Le petit monstre neurologique est facile à gérer même quand vous êtes toujours addicts. Il y a des millions d'utilisateurs qui restent des utilisateurs occasionnels toutes leurs vies et sont tout aussi addicts que les gros utilisateurs. Il y a même des gros utilisateurs qui se sont débarrassés de leur addiction mais ont une dose occasionnelle, graissant le toboggan pour être descendu à la prochaine baisse de leur humeur.

Comme dit précédemment la vraie addiction au porno n'est pas le problème principal, agissant simplement comme un catalyseur pour garder notre cerveau en pleine confusion à propos du vrai problème - le lavage de cerveau. Ne pensez pas que les mauvais effets du porno en ligne sont exagérés cependant, ils sont plutôt tristement minimisés. De temps en temps, des rumeurs circulent disant que les voies neuronales créées sont là pour la vie, avec le bon mix de chance et de stimuli vous envoyant encore glisser dans le toboggan gâcheur de vie, mais elles ne sont pas vraies. Nos cerveaux et nos corps sont des machines miraculeuses, se rétablissant en quelques semaines.

Il n'est jamais trop tard pour arrêter ! Une rapide recherche dans les communautés en ligne vous montrera des gens de tous âges, redémarrant leur vies (et celle de leurs partenaires). Comme avec tout ce que les hommes font certains passent au niveau supérieur, en pratiquant la rétention séminale, la méthode Karezza et à travers la différenciation du côté sensoriel et reproductif du sexe rendent leurs partenaires plus heureux que jamais.

Il peut s'agir d'une consolation pour les utilisateurs réguliers et à vie qu'il est aussi facile pour eux d'arrêter que pour les utilisateurs occasionnels, et d'une certaine façon c'est même plus simple. Plus vous avez été tiré vers le bas, plus le soulagement sera grand. Quand j'ai arrêté je suis passé directement à *zéro* et je n'ai pas eu un seul mauvais effet. En fait, le processus était en réalité appréciable même durant la période de sevrage.

Mais premièrement, nous devons nous débarrasser du lavage de cerveau.

5 - Lavage de cerveau

Le lavage de cerveau est la 2eme raison qui nous pousse à consommer. Comprendre cette propagande requiert de d'abord examiner les puissants effets des stimuli supranormaux. Nos cerveaux ne sont tout simplement pas prêts pour la création d'un "harem en ligne", nous permettant de profiter de plus de partenaires en 15 minutes que nos ancêtres n'en ont eu durant plusieurs vies.

Il y a eu nombre de mauvais conseils dans le passé, comme par exemple celui qui prétend que la masturbation rend aveugle. Ceci ajouté aux autres épouvantails mensongers, ont eu l'effet inverse de celui désiré. Les fausses conceptions comme celles-ci sont légitimes à être discréditées par la science. Mais le bébé a été jeté avec l'eau du bain, puisque depuis notre enfance, ce sont nos subconscients qui sont bombardés de messages et d'imageries sexuelles, des magazines aux publicités qui insinuent toujours plus à la limite de l'obscène. Certains clips musicaux sont extrêmement démonstrateurs... Mais ne désespérez pas : faites-en un jeu, et tâchez d'identifier les composants utilisés pour susciter une réaction subconsciente : est-ce le caractère choquant? La nouveauté? Les couleurs? La taille? Le tabou? La nostalgie? etc... Un tel jeu peut également être enseigné aux jeunes adolescents comme un moyen efficace d'éducation.

5.1 - Le raisonnement scientifique

La publicité existe de l'autre côté : les troubles sexuels, la perte de motivation, préférer le porno virtuel aux vraies filles, les communautés comme celles de YourBrainOnPorn ou stopfap.org (*note du traducteur : excellent site français pour tenir un journal de son combat contre la PMO)*, mais tout cela ne permet pas aux gens d'arrêter efficacement. Si on s'en tenait à la logique simple de considérer les désavantages nombreux, ils le devraient, pourtant. Mais pourtant, ce n'est pas le cas. Même les risques liés à la santé qui sont listés dans des études de renommée sur YourBrainOnPorn ne sont pas suffisants pour empêcher un adolescent de s'immiscer dans ce monde cauchemardesque.

De façon assez ironique, la part la plus grande de cette confusion est créée par l'utilisateur lui-même. Il est faux de dire que les consommateurs sont faibles de volonté ou physiquement faibles. Il faut être fort physiquement pour supporter une addiction telle quelle après avoir appris son existence. Peut-être que l'aspect le plus douloureux est qu'ils se placent comme des individus en échec social et en introvertis que tout le monde rejetterait. C'est plus probable qu'un ami soit plus intéressant et investi en personne que s'il n'avait pas sédaté son corps et son esprit à coup de PMO juste avant.

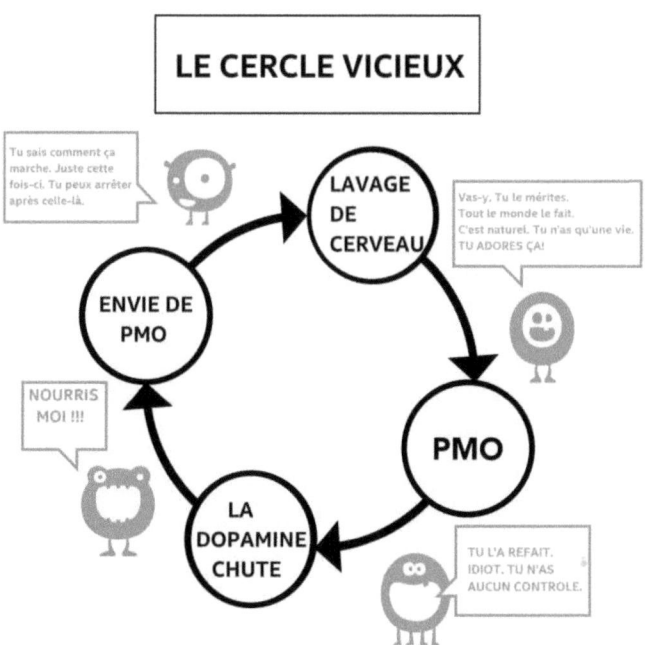

5.2 - Les problèmes de la Méthode "Volonté"

Les utilisateurs qui tentent de quitter avec la méthode "Volonté" blâment leur manque de volonté et ruinent leur tranquillité d'esprit ainsi que leur bonheur. C'est une chose d'échouer dans la discipline de soi, et une autre de se détester soi-même. Après tout, il n'existe aucune loi qui requiert d'être tout le temps au garde à vous avant le sexe, convenablement excité pour pouvoir satisfaire votre partenaire. Nous travaillons ici sur une addiction, pas une habitude, et à aucun moment il n'est nécessaire de mener un combat dans sa tête pour arrêter une habitude comme par exemple un sport, mais de faire cela avec le porno est normalisé, pourquoi?

L'exposition constante aux stimuli supranormaux réarrange votre cerveau, développer une résistance à ce lavage de cerveau est donc crucial, comme si vous achetiez une voiture d'occasion dans un petit garage : acquiescer poliment mais ne pas croire un mot de ce que l'homme vous dit. Donc, ne croyez pas que vous DEVEZ avoir autant de sexe que possible, en pensant que chaque expérience doit être exceptionnellement satisfaisante, et utiliser du porno en son absence. Ne jouez pas le jeu du "porno safe" non plus, le petit monstre a inventé ce jeu pour vous appâter. Est-ce que le porno amateur est régulé par une quelconque autorité? Les sites porno récoltent des données via leurs utilisateurs et les utilisent pour satisfaire les besoins de leur public? S'ils voient une montée dans une certaine catégorie, ils se dépêcheront de sortir du contenu lié à cette catégorie et ce le plus vite possible. Ne soyez pas trompés par le côté "éducatif" ou les clips "safes".
Commencez par vous poser la question : *"Pourquoi est-ce que je le fais? En ai-je VRAIMENT besoin?"*

Bien sûr que NON : vous n'en avez PAS besoin !

La majorité des utilisateurs jurent qu'ils ne regardent que du contenu statique et du "porno soft" et que par conséquent ils ne sont pas

touchés par les désavantages du porno. C'est tout sauf vrai, ils tirent sur la laisse, se battant avec leur volonté pour résister à la tentation. Si répété trop souvent et trop longtemps, cela affectera grandement leur volonté et ils commenceront à échouer dans d'autres projets de vie ou la volonté est d'un grand secours, comme le sport, les rencontres, les régimes, etc... L'échec dans ces milieux les fera se sentir misérables et coupables, créant une réaction en chaîne les poussant à retomber dans le porno. Si cela n'est pas fait, ils relâcheront leur colère et leur dépression sur leurs proches.
Une fois que vous devenez addict au porno, le lavage de cerveau est augmenté considérablement. Votre esprit subconscient sait que le petit monstre doit être nourri, bloquant tout le reste. C'est la peur qui empêche les gens de quitter, la peur du ce se sentiment d'insécurité et de vide qu'ils ont quand ils arrêtent d'inonder leur cerveau avec de la dopamine. Juste parce que vous n'êtes pas au courant de ça ne veut pas dire que ce n'est pas là. Vous n'avez pas besoin de comprendre cela plus qu'un chat n'a besoin de comprendre où les tuyaux d'eau chaude se trouvent, le chat sait juste que s'il se pose à un certain endroit, il aura chaud.

5.3 - La passivité

La passivité de nos esprits et la dépendance de l'autorité qui nous lave le cerveau est la première difficulté à combattre quand il faut quitter le porno. Cela vient de notre implication dans la société, renforcée par la propagande sur notre addiction et combinée avec nos contacts de la vie de tous les jours : amis, proches, collègues... La phrase "abandonner le porno" est un exemple classique du lavage de cerveau, qui implique un véritable sacrifice. La vérité est qu'il n'y a rien à abandonner : au contraire, vous vous libérez d'une terrible maladie et bénéficiez d'incroyables effets positifs. Nous allons commencer à détruire ce lavage de cerveau désormais, en commençant par ne plus référencer le terme "abandonner", le préférant à "arrêter", "quitter" ou peut-être le terme le plus adapté à la situation : **"s'échapper"**!

La seule chose qui nous persuade de consommer du porno initialement, c'est parce que l'autre le fait aussi, provoquant le sentiment que l'on rate quelque chose. Nous travaillons dur pour nous rendre accros, et pourtant nous ne trouvons jamais ce qui nous a fait rentrer là-dedans initialement. Chaque fois que nous voyons un nouveau clip, nous nous rassurons qu'il y ait peut-être autre chose de nouveau à l'intérieur, car sinon personne ne le ferait et le business ne serait pas si florissant. Même quand ils arrêtent, les non-utilisateurs ressentent un manque quand une discussion approchant même de loin le sujet du sexe a lieu dans un cercle social. *"C'est probablement bon si tous mes amis en parlent, n'est-ce pas? Existe-t-il des images gratuites sur le Net?"* Se sentant en confiance, ils consomment juste "une petite dose" le soir-même, et d'un coup d'un seul, les revoilà devenus addicts.

Le lavage de cerveau est extrêmement puissant et vous devez prendre conscience de ses effets. La technologie continue de s'améliorer et le futur nous fournira des sites de plus en plus rapides et des méthodes d'accès de plus en plus simples. L'industrie du porno investit des millions dans la réalité virtuelle pour que cela devienne la prochaine mode. Nous ne savons pas vers où nous nous dirigeons, non équipés pour faire face à la technologie actuelle ou à venir.
Nous sommes prêts à détruire le lavage de cerveau, ce n'est pas le non-utilisateur qui est privé de quoi que ce soit, mais bien l'utilisateur qui abandonne une vie de:
- Santé
- Énergie
- Prospérité
- Tranquillité d'esprit
- Confiance en soi
- Courage
- Respect de soi

- Bonheur
- Liberté

Que gagnent-ils de ces sacrifices considérables? **ABSOLUMENT RIEN**, exception faite de l'illusion que leur addiction leur permet de revenir à cet état de tranquillité et de confiance dont le non-utilisateur profite chaque jour.

5.4 - *Les sensations de manque*

Comme expliqué précédemment, les utilisateurs pensent qu'ils consomment du porno pour leur plaisir personnel, pour se relaxer ou d'autres excuses. La véritable raison est celle de contrer les effets du manque. Notre subconscient commence à faire le lien entre porno, masturbation et plaisir. Alors que nous devenons de plus en plus accros, le besoin de satisfaire le manque augmente et le piège se referme de plus en plus, plantant ses dents dans notre chair et nous tirant un peu plus chaque fois vers les tréfonds. Ce processus est si lent que personne ne s'en rend véritablement compte, la majorité des utilisateurs les plus jeunes ne réalisent pas qu'ils sont addicts avant d'essayer d'arrêter, et même à ce moment-là, peu oseront l'admettre. Lisez donc cette conversation qu'un thérapeute a eu avec des centaines d'adolescents.

> *Thérapeute : "Réalisez-vous que le porno est une drogue et que la seule raison pour laquelle vous en consommez est parce que vous ne pouvez pas arrêter?"*
> *Patient : "Mensonges! J'aime ça. Si je n'aimais pas ça, j'arrêterais."*
> *Thérapeute : "Alors essaie donc d'arrêter pendant une semaine pour me prouver que tu n'es pas addict."*
> *Patient : "Pourquoi faire? J'aime ça. Si je voulais arrêter, je le ferais."*
> *Thérapeute : "Arrête juste une semaine pour me le prouver, alors."*

> *Patient : "Quel intérêt ? J'aime ça ?"*

Comme dit précédemment, les consommateurs préfèrent soulager le manque à des moments de stress, d'ennui, de concentration ou une combinaison de ceux-ci. Dans les chapitres suivants, nous allons cibler précisément ces aspects du lavage de cerveau et les annihiler une bonne fois pour toutes.

6 - Les aspects du lavage de cerveau

Le gros monstre du piège pornographique est créé par la culmination de plusieurs aspects, dont les forces sociétales, la représentation qu'en font les médias, le discours des pairs et le propre discours interne de l'utilisateur. Échouer à déconstruire ces illusions tout en utilisant la "méthode volonté" mène éventuellement à un sentiment de privation, faisant retomber l'utilisateur dans le piège. La déconstruction des mérites imaginés du porno est cruciale pour réussir et vous permet de voir ce que vous êtes en train de vous faire voler !

Il est important de noter le lien entre le lavage de cerveau et la peur. C'est la peur de ressentir de *futurs effets de manque* qui crée les effets. La peur est les effets en elle-même. Pensez aux fois où vous avez eu des symptômes de manque tels que des mains moites, une respiration difficile, des problèmes pour dormir ou l'impossibilité de penser correctement. Maintenant pensez à des situations similaires où vous avez eu ces sentiments : entretiens d'embauches, stress près d'une personne attirante, parler en public, etc. Ce sont les mêmes sentiments d'anxiété que la peur cause. Formulé simplement, comment une drogue physique garde accros les gens des mois après qu'ils aient arrêté ? Ça doit être mentalement, n'est-ce pas ?

6.1 - Le stress

Non seulement les tragédies de la vie, mais aussi les stress mineurs poussent les utilisateurs dans la zone "risqué" interdite, précédemment exclue. Ces stress incluent socialiser, les appels téléphoniques, les angoisses de la femme au foyer avec de jeunes enfants, et beaucoup d'autres. Prenons les appels téléphoniques comme exemple, en particulier pour un homme d'affaires. La plupart des appels ne viennent pas de clients satisfaits ou de votre patron vous félicitant, il y a toujours un certain agacement. Rentrer à la maison dans une vie de famille ordinaire avec des enfants hurlant et

les demandes émotionnelles de sa partenaire amène l'utilisateur - s'il ne le fait pas déjà - à fantasmer le soulagement du porno promis ce soir. Ils souffrent inconsciemment des effets du manque, de déstressant affaiblis et ne sont pas préparés à l'irritation supplémentaire. En soulageant partiellement ces effets tout en gérant le stress habituel, l'ensemble est réduit et l'utilisateur obtient un coup de pouce temporaire. Ce coup de pouce n'est pas une illusion, l'utilisateur se sent réellement mieux qu'avant, mais il est plus tendu qu'il ne le serait en tant que non-utilisateur.
L'exemple suivant n'a pas pour but de vous choquer, "Easy Peasy" vous promet aucun traitement de ce genre, mais il a pour but de souligner le fait que le porno détruit vos nerfs plutôt qu'il ne les détend.

Essayer d'imaginer atteindre un stade où vous êtes incapable d'être excité, même avec une partenaire très attirante et sexy. Pour quelques instants, faites une pause et essayez de visualiser une vie où une personne très charmante et séduisante doit être en compétition et perdre contre les pornstars virtuels qui occupent votre "harem" pour obtenir votre attention. Imaginez l'état d'esprit d'une personne qui, quand confrontée à cet avertissement, continue d'utiliser du porno et meurt sans jamais avoir de réelles relations sexuelles avec cette séduisante et enthousiaste partenaire. Il est facile de voir ces personnes comme des tordus et ne pas en prendre compte, mais les histoires de ce genre ne sont pas fausses, c'est ce que l'affreuse nouveauté de la drogue pornographique fait à votre cerveau. Plus vous avancez dans la vie, plus votre courage est érodé et plus vous êtes dupé en croyant que le porno fait l'inverse.

N'avez-vous jamais été pris de panique quand soudainement le WiFi s'arrête ou est trop lent ? Les non-utilisateurs ne souffrent pas de cela, car c'est le porno en ligne qui *cause* ce sentiment. Alors que vous avancez dans la vie, il détruit systématiquement vos nerfs et votre courage, laissant la DeltaFosB former de puissants toboggans neurologiques dans son sillage, progressivement ruinant votre capacité à dire non. Arrivé au stade où sa virilité a été tué, l'utilisateur croit que le porno est son nouveau partenaire et qu'il est incapable d'affronter la vie sans lui.

Le porno en ligne ne détend pas vos nerfs, il les détruit lentement. L'un des plus grands gains à stopper l'addiction est le retour de votre confiance en vous naturelle et de votre assurance.

Il n'y aucune nécessité de vous noter selon votre capacité à satisfaire votre partenaire, ce n'est pas ça la liberté. Mais cette liberté ne peut être obtenue en continuant de graisser le toboggan de dopamine de façon à ce qu'il détruise votre bonheur et votre libido en répétant le même comportement autodestructeur.

6.2 - L'ennui

Si vous êtes comme beaucoup de gens, aussitôt que vous grimper dans votre lit vous êtes déjà sur votre site porno favori, sans même vous en rendre compte. C'est devenu une seconde nature. De façon similaire, le porno faisant disparaître l'ennui est une autre illusion car l'ennui est un état d'esprit; arrivant quand vous en avez été privé depuis longtemps ou essayez de limiter votre usage.

La vraie situation est celle-ci, quand vous êtes addict à l'attraction supranormal du porno en ligne et essayez alors de vous abstenir, c'est comme si quelque chose manquait. Si vous avez de quoi occuper votre esprit ce n'est pas stressant, vous pouvez tenir de longues périodes de temps sans être ennuyé par l'absence de la drogue. Cependant, quand vous vous ennuyez il n'y a rien pour occuper votre esprit, alors vous nourrissez le monstre. Quand vous vous laissez aller sans essayer d'arrêter ou de réduire, même lancer la navigation privée devient inconscient. Le rituel est automatique; si l'utilisateur essaie de se souvenir des sessions de la semaine dernière, il n'est capable de se souvenir que d'une petite proportion de celle-ci, comme la toute dernière ou la session suivant une longue abstinence.

La vérité étant que le porno augmente l'ennui indirectement car les orgasmes vous font sentir léthargique et qu'au lieu de vous lancer dans une autre activité énergique, les utilisateurs préfèrent flemmarder, blasé et soulageant leurs effets de manque. Contrer le lavage de cerveau est important car les utilisateurs ont tendance à regarder du porno quand ils s'ennuient, notre cerveau étant programmé pour interpréter le porno comme intéressant. Pareillement, nous avons aussi subi un lavage de cerveau pour croire que le sexe - même les mauvaises relations sexuelle - aide à la relaxation. C'est un fait que quand triste ou stressé, les couples désirent des relations sexuelles. En l'absence de distinction entre sexe tantrique et reproductif, observer avec quelle rapidité ils veulent s'éloigner l'un de l'autre après que l'orgasme obligatoire soit achevé. Si le couple avait juste décidé de s'enlacer, de parler ou de se câliner et d'aller dormir, ils se seraient sentis soulagés.

6.3 - La concentration

Le sexe et la masturbation n'aide pas à se concentrer, quand vous essayez de vous concentrer vous essayez automatiquement d'éviter les distractions. De la même façon, quand un utilisateur veut se concentrer, il ne réfléchit même pas ouvrant automatiquement le navigateur, nourrissant le petit monstres et soulageant partiellement son envie. Ils passent ensuite directement à son affaire en cours, oubliant déjà qu'il a regardé du porno. Après des années d'inondations de dopamine, les changements neurologiques atteignent des capacités comme accéder à l'information, planifier et contrôler ses pulsions.

Vous êtes aussi poussé à fournir de la nouveauté pour la prochaine session puisque le même genre de contenu ne génère plus assez de dopamines et d'opioïdes. Donc, vous devez écumer les sites internet à la recherche de nouveauté, luttant contre le désir de franchir la barrière des contenus choquants, ce qui, à son tour, génère plus de stress et vous laisse insatisfait après avoir fini.

La concentration est également défavorablement touchée alors que les récepteurs de dopamines sont abattus à cause de la tolérance naturelle aux déferlements de molécules, réduisant le bénéfice des plus petits boosts de dopamine venant de déstressant naturels. Votre concentration et votre inspiration seront grandement augmentées quand ce processus sera diminué. Pour beaucoup, c'est la concentration qui les empêche de réussir avec la "méthode volonté", ils pourraient supporter l'irritabilité et la mauvaise humeur, mais l'incapacité à se concentrer sur quelque chose de difficile une fois leur soutien retiré en fait chuter plus d'un.

La perte de concentration dont les utilisateurs souffrent quand ils essaient d'échapper de l'addiction n'est pas dû à l'absence de sexe, encore moins de pornographie. Vous avez des blocages mentaux quand vous êtes addict à quelque chose et quand vous avez ces blocages, que faites-vous ? Vous lancez le navigateur - ce qui ne guérit pas le blocage - et alors que faites-vous ? Vous faites ce que vous avez à faire, faisant avec, tout comme les non-utilisateurs.

Quand vous êtes un utilisateur rien n'est imputé à la cause, les utilisateurs n'ont jamais de *dysfonction sexuelle*, juste d'occasionnels moments de mou. Au moment où vous arrêtez d'utiliser du porno, tout ce qui dérape est imputé à votre arrêt. Maintenant quand vous avez un blocage mental, au lieu de juste faire avec, vous commencez à dire *"Si seulement je pouvais aller voir mon harem maintenant, ça réglerait tous mes problèmes."* Vous commencez alors à questionner votre décision d'arrêter et d'échapper à l'esclavage.

Si vous croyez que le porno est une véritable aide à la concentration, s'en inquiéter garantira que vous serez incapable de vous concentrer. Le doute, et non les effets physiques du manque crée le problème. Souvenez-vous toujours que c'est l'utilisateur qui souffre de ces effets, pas les non-utilisateurs.

6.4 - La relaxation

La plupart des utilisateurs pensent que le porno les aide à se détendre. C'est faux. La recherche frénétique pour avoir sa dose dans ces "coins sombres d'internet" et la lutte intérieure pour tenir la laisse et ne pas franchir la ligne rouge ne *semble* pas vraiment être une activité très relaxante.

Alors que la nuit arrive après un voyage vers un autre endroit ou une longue journée, nous nous asseyons pour nous détendre, soulager notre faim, notre soif et sommes complètement satisfaits. L'utilisateur ne l'est pas, puisqu'il a une autre faim à satisfaire. Les utilisateurs voient le porno comme la cerise sur le gâteau, mais en réalité c'est le "petit monstre" qui a besoin d'être nourri. La vérité étant que l'addict ne peut jamais être complètement détendu et en avançant dans la vie cela empirera exponentiellement. Prenez ce commentaire internet d'un ex-utilisateur :

> *"Je croyais réellement que j'avais un démon en moi, je sais maintenant que ce n'était pas un défaut inhérent à ma personnalité mais le petit monstre du porno en ligne qui créait le problème. A l'époque je pensais que j'avais tous les problèmes du monde, mais quand je regarde aujourd'hui ma vie d'alors, je me demande où tout cet énorme stress se trouvait. Partout dans ma vie j'avais les manettes, la seule chose qui me contrôlait était l'esclavage à la pornographie. Le plus triste est que même aujourd'hui je ne peux pas convaincre mes enfants que c'était cet esclavage qui me rendait si irritable."*

A chaque fois que j'entends des addicts au porno essayer de justifier leur addiction le message est, *"Oh ça m'aide à me détendre."* Prenez le témoignage en ligne d'un père célibataire dont l'enfant de six ans voulait partager le lit la nuit après un film d'horreur, mais le père refusait pour qu'il puisse avoir sa session et "edge" pendant des heures.

Voici une autre comparaison à la cigarette, il y a quelques années les autorités d'adoption ont menacé d'empêcher les fumeurs d'adopter des enfants. Un homme leur téléphona, furieux. *"Vous avez complètement tort,"* dit-il, *"Je me souviens quand j'étais enfant, si j'avais une affaire délicate à soulever avec ma mère, j'attendais qu'elle allume une cigarette car elle était plus détendue alors."* Pourquoi l'homme ne pouvait pas parler à sa mère quand elle ne fumait pas ?

Pourquoi certains utilisateurs sont-ils si stressés quand ils n'ont pas leur dose, même après une vraie relation sexuelle ? Une histoire sur internet décrit un homme travaillant dans le domaine de la publicité et ayant des 9 et 10/10 ouverte à un rendez-vous à n'importe quel moment, mais il perdit tout intérêt à sortir avec elles pour dîner puisque le porno en ligne était bien plus facile, ne comprenait aucune dépense en restaurant et n'avait aucune possibilité de refus à la fin d'une soirée. Pourquoi s'embêterait-il quand son petit monstre le garde désireux du plan sans risque, et à haute récompense à portée de main une fois chez lui ?

Pourquoi les non-utilisateurs sont-ils complètement détendus alors ? Pourquoi les utilisateurs sont-ils incapables de se détendre sans une dose pour un jour ou deux ? Ecoutez l'expérience d'un utilisateur faisant serment d'abstinence et d'arrêt du porno et vous vous rendrez-compte de sa lutte avec la tentation, clairement il n'est pas détendu du tout quand il n'est plus autorisé à avoir son "seul plaisir" qu'il a le "droit d'apprécier". Ils ont oublié ce que c'est que d'être complètement détendu. Le porno peut être comparé à une mouche attrapée par une plante carnivore, au début la mouche mangeait le nectar, mais à partir d'un imperceptible moment la plante a commencé à manger la mouche.

N'est-il pas temps que vous sortiez de la plante ?

6.5 - L'énergie

La plupart des utilisateurs sont conscients des effets progressifs que la recherche de nouveauté et l'escalade du porno a sur leurs systèmes sexuels et de récompense du cerveau. Cependant, ils ne sont pas conscients des effets qu'il a sur leur niveau d'énergie.

L'une des subtilités du piège pornographique est que les effets qu'il a sur nous, à la fois physiques et mentaux, arrivent si progressivement et imperceptiblement que nous restons inconscients d'eux et à la place voyons le manque comme normal. Les effets sont similaires à ceux de mauvaises habitudes alimentaires, nous regardons les gens qui sont en obésité morbide et nous nous demandons comment ils ont possiblement pu se laisser atteindre un tel état. Mais supposons que ça soit arrivé en une nuit - vous êtes allé au lit mince, les muscles congestionnés et sans un gramme de gras dans votre corps - et vous êtes réveillé pour vous retrouver gros, bouffi et bedonnant. Au lieu de vous réveiller en vous sentant pleinement reposé et rempli d'énergie, vous vous sentez misérable, léthargique, et à peine capable d'ouvrir les yeux.

Vous seriez pris de panique, vous demandant quelle affreuse maladie vous avez attrapé pendant la nuit, et pourtant la maladie est exactement la même. Le fait qu'il vous a fallu 20 ans pour en arriver à ce résultat est hors de propos. Le porno est pareil, s'il était possible de transférer votre corps et votre esprit pour vous donner une comparaison directe de comment vous vous sentiriez en ayant arrêté le porno pour seulement 3 semaines, c'est tout ce qu'il vous faudrait pour vous convaincre. Vous demandant si vous vous sentirez vraiment aussi bien ou à quel point ça s'améliore, *"Étais-je vraiment tombé si bas ?"* Vous ne vous sentirez pas seulement en meilleure santé et avec plus d'énergie, mais dégageant bien plus de confiance en vous et ayant une meilleure capacité à se concentrer.

Le manque d'énergie, la fatigue et tout ce qui s'y rapporte est gentiment balayé sous le tapis avec l'excuse du vieillissement. Les amis et collègues qui ont aussi des modes de vie sédentaires aggravent encore plus la normalisation de ce comportement. La croyance comme quoi l'énergie est exclusive aux enfants et aux

adolescents et que la vieillesse commence à la vingtaine est un autre symptôme du lavage de cerveau, tout comme l'ignorance des habitudes alimentaires et d'exercices comme résultat des effets accumulés de la désensibilisation à la dopamine.
Rapidement après avoir stoppé le porno, ce sentiment lourd et brumeux va vous quitter. Le fait étant, qu'avec le porno vous êtes toujours en train de disperser votre énergie et dans le processus, altérez la chimie de votre système limbique. Contrairement à l'arrêt de la cigarette, où le retour de votre santé physique et mentale est graduel, arrêter le porno vous donne d'excellents résultats dès le premier jour. Tuer le "petit monstre" et fermer le toboggan prend un peu de temps, mais récupérer votre centre de récompense n'est en rien comme la descente dans le gouffre. Si vous traversez le traumatisme de la "méthode volonté", tout amélioration de santé ou d'énergie sera oblitéré par la dépression que vous traversez. Cependant, il n'est pas possible pour "EasyPeasy" d'immédiatement vous transférez dans votre esprit de dans trois semaines, mais vous pouvez ! Vous savez d'instinct que ce que l'on vous dit est vrai, tout ce que vous avez besoin est **d'utiliser votre imagination !**

6.6 - Les sessions en soirée mondaine

C'est de la désinformation qui semble avoir du sens, mais n'en a pas. Pour contrôler votre appétit, allez-vous manger à la maison avant d'aller au restaurant ou à une fête ? C'est ce que vous faites en ayant des sessions avant d'aller en soirée, ayant au final l'air fatigué et pas au meilleur de votre forme. La démocratisation et l'adoption des techniques de dragues a créé une certaine pression de séduire, draguer et conquérir. Essayez de noyer cette pression avec du porno et diverses substances ne va qu'aggraver le problème sur le long terme. Personnellement, j'aime avoir un peu d'anxiété pour me garder concentré et motivé et vous fatiguer mentalement et physiquement avec un orgasme n'aidera pas.

Le porno en soirée a pour cause deux ou plus de nos raisons habituelles pour rechercher du plaisir ou du soutien, les fonctions sociales étant fondamentalement à la fois stressantes et relaxantes. Cela peut sembler être une contradiction mais toute forme de socialisation peut être stressante - même avec des amis - en désirant être vous-même et complètement détendu. Il y a beaucoup de situations qui ont des facteurs multiples simultanément, prenez la conduite comme exemple, puisqu'après tout, votre vie est en jeu. Stressant, avec de la concentration nécessaire pour des périodes prolongées. Vous n'avez pas besoin d'être conscient de ces facteurs, vous recevez déjà le message inconsciemment. De la même manière, quand vous vous trouvez coincé dans de longs embouteillages ou fatigué par d'interminables trajets en autoroute, la promesse d'une session en arrivant à la maison occupe votre esprit.

Un autre bon exemple est celui d'aller à un premier rendez-vous, votre esprit rempli de questions à propos de la personne que vous allez rencontrer. Si alors votre enthousiasme commence à disparaître en rencontrant la personne en chair et en os vous allez commencer à vous sentir trop détendu, puis culpabilisez de vous sentir ainsi. La lutte a commencé, *"Je veux du sexe ou sortez-moi d'ici le plus vite possible,"* vous préparant pour votre session après le rendez-vous.

Même si le rendez-vous se passe bien et que quelques heures plus tard vous êtes chez elle, peu importe comment ça se passe vous ne serez pas satisfait si votre seul but est la recherche de l'orgasme. Autrement vous rentrez seul chez vous, votre seule pensée étant votre harem en ligne au lieu de vous féliciter pour vos efforts. Vous pouvez parier que quelqu'un dans cette position aura une session en arrivant chez lui, et c'est souvent ce genre de nuits - vous réveillant en ressentant un désagréable vide - que nous regretterons le plus en pensant stopper le porno. Nous pensons que la vie ne sera plus jamais aussi agréable. En réalité, c'est le même principe qui est présent ici : les sessions procurent simplement le soulagement des effets du manque, ayant parfois plus de besoin qu'habituellement, graissant le toboggan pour la prochaine fois.

Soyons clair - ce n'est pas le porno en ligne et notre harem qui est spécial, c'est la situation. Une fois le porno disparu, de telles situations deviendront plus agréables et les situations stressantes moins stressantes.

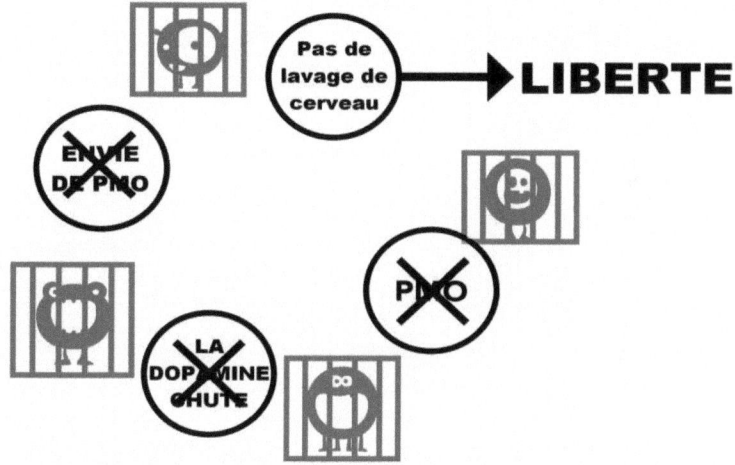

7 - Qu'est-ce que j'abandonne?

Absolument rien ! Il est difficile d'abandonner le porno à cause de la peur d'être privé de notre plaisir ou de notre soutien. La peur que certaines situations plaisantes ne soient jamais exactement les mêmes. La peur que vous soyez incapable de gérer les situations stressantes. En d'autres termes, ce sont les effets du lavage de cerveau qui nous trompent en nous faisant croire que le sexe - et par extension l'orgasme - est une nécessité pour tous les êtres humains. En allant plus loin, c'est la croyance qu'il y a quelque chose d'inhérent au porno en ligne dont nous avons besoin, et que quand nous arrêtons d'en utiliser nous le renions et créons un vide.
Imprimez cela dans votre esprit : **Le porno ne comble pas un vide, il en crée un !**
Nos corps sont les objets les plus sophistiqués sur Terre. Que vous croyiez en un dessein intelligent (Intelligent Design), à la sélection naturelle, ou un mélange des deux, nos corps sont des milliers de fois plus efficaces que l'homme ! Nous sommes incapables de créer la plus petite cellule vivante ou le miracle de la vue, la reproduction et les nombreux systèmes interconnectés présents dans nos corps et cerveaux. Si ce créateur ou processus avait voulu que nous puissions supporter les stimuli supranormaux, nous aurions eu un système de récompense différent. Nos corps sont pourvus d'appareils d'alertes de sécurité et nous les ignorons à nos risques et périls.

7.1 - Il n'y a rien à abandonner

Après avoir purgé le petit monstre de votre corps et le lavage de cerveau (le gros monstre) de votre esprit, vous n'aurez aucune envie de vous masturber fréquemment ni d'utiliser du porno en ligne pour ce faire. Il y a beaucoup de choses connues et inconnues quand on parle d'addiction à la pornographie, beaucoup de gens dans le milieu médical n'ayant aucune notion pour questionner ou déterminer quelqu'un comme étant addict au porno. Beaucoup de symptômes rapportés sont reliés à tort à d'autres causes. Ce n'est pas que les utilisateurs sont généralement des gens stupides, juste qu'ils sont misérables sans le porno. Coincé entre Charybde et Scylla, s'abstenir et être malheureux car ils ne peuvent utiliser du porno ou malheureux car ils se sentent coupables et commencent à se mépriser pour cela. Quand ils ont des symptômes tels que des douleurs dans le bas du dos ou des dysfonctions sexuelles, leur esprit est déchiré entre accepter leur responsabilité ou regarder ailleurs.

Une autre comparaison au fumeur, nous avons tous vu des fumeurs qui développent des excuses pour s'éclipser fumer discrètement et nous voyons alors la véritable addiction en action. Les addicts ne font pas ça pour s'amuser, mais plutôt car ils sont misérables sans cela.

Pour beaucoup leur première expérience sexuelle a fini avec un orgasme, et ils ont donc acquis la croyance qu'ils ne peuvent apprécier les relations sexuelles sans un orgasme. Pour les hommes, le porno est présenté comme une aide vers le sexe, parfois même comme une éducation à la confiance pendant l'acte. C'est un non-sens, le conditionnement des stimuli supranormaux ne réussit qu'à la détruire.

Non seulement n'y a-t-il rien à abandonner mais d'énormes bénéfices à y gagner. Quand les utilisateurs envisagent d'arrêter, ils ont tendance à se concentrer sur la santé et la virilité. Ce sont des raisons valides et importantes, mais je crois personnellement que les plus grands bénéfices sont psychologiques :

- Le retour de votre confiance en vous et votre courage.
- L'affranchissement de l'esclavage
- Ne plus avoir d'affreuses ombres au fond de votre esprit et ne plus vous mépriser.

7.2 - Le vide, le magnifique vide !

Imaginez avoir un bouton de fièvre sur votre visage, vous allez voir le pharmacien et il vous donne une pommade gratuite à essayer. Vous

appliquez la pommade et le bouton disparaît immédiatement. Une semaine plus tard il réapparaît, alors vous retournez voir le pharmacien et demandez s'il leur reste de la pommade. Le pharmacien dit *"Bien sûr; gardez le tube, vous pourriez en avoir besoin plus tard."*
Vous appliquez la pommade et hop le bouton de fièvre disparaît une nouvelle fois. Mais à chaque fois que le bouton revient, il devient plus grand et plus douloureux, et les intervalles deviennent de plus en plus courts. Finalement, l'inflammation recouvre tout votre visage et vous fait atrocement mal, et elle revient toutes les demi-heures. Vous savez que la pommade la retirera temporairement, mais vous êtes très inquiet. L'inflammation va-t-elle se répandre sur tout votre corps ? L'intervalle va-t-il disparaître complètement ? Vous allez voir le docteur et il ne peut pas vous soigner, alors vous essayez d'autres remèdes mais rien ne fonctionne excepté la pommade.
A ce moment vous êtes complètement dépendant de la pommade, ne sortant jamais sans vous assurer que vous avez un tube sur vous. Si vous voyagez, vous vous assurez d'avoir plusieurs tubes à emporter. En plus de vos craintes pour votre santé, le pharmacien vous fait payer 100 euros le tube. Vous n'avez pas d'autres choix que de payer.

Vous tombez sur un article parlant de cela et découvrez que ça n'arrive pas qu'à vous, beaucoup de gens souffrent du même problème. En fait, la communauté médicale a découvert que la pommade ne soigne pas réellement le bouton, mais à la place l'amène sous la surface de la peau. C'est la pommade qui a fait grandir le bouton, donc la seule chose que vous avez à faire est d'arrêter d'utiliser la pommade et l'inflammation disparaîtra avec le temps.

Continueriez-vous d'utiliser la pommade ? Est-ce que ça demanderait de la volonté de ne pas l'utiliser ? Si vous ne croyez pas l'article il pourrait y avoir quelques jours d'appréhension, mais une fois que vous réalisez que l'inflammation commence à se soigner, le besoin ou désir d'utiliser la pommade disparaîtra. Seriez-vous malheureux ?

Bien sûr que non ! Vous aviez un affreux problème que vous pensiez être incurable mais maintenant vous avez trouvé la solution. Même si ça prenait un an pour que l'inflammation disparaisse, chaque jour alors que votre état s'améliore vous penseriez à quel point vous vous sentez bien. C'est la magie de l'arrêt du porno.

Le bouton n'est pas les douleurs physiques, le manque de désir normal, l'excitation qui baisse, la perte de sensations, le temps perdu sur des images en deux dimensions, le sentiment d'atteinte à ce qui vous est dû, le fait de mépriser les personnes qui vous surprennent ou pire, vous mépriser vous-même. Tout cela n'est qu'en addition au bouton.

Le bouton nous fait fermer les yeux sur toutes ces choses, c'est ce sentiment de panique pour avoir une dose. Les non-utilisateurs ne souffrent pas de ce sentiment. La pire chose dont nous souffrons est la peur, le meilleur bénéfice est de se débarrasser de cette peur. Elle est causée par votre première session, puis renforcée et causée par chaque session subséquente.

Certains utilisateurs sont "heureux", aveuglés par leur petit monstre sournois et alors traversent le même cauchemar, développant de faux arguments pour essayer de justifier leur stupidité.

C'est si agréable d'être libre !

8 - Gagner du temps

Généralement lorsque les utilisateurs essaient d'arrêter, les principales raisons données sont la santé, la religion et la stigmatisation des partenaires. Une partie du lavage de cerveau de cette horrible drogue est comment elle met en esclavage le consommateur, l'humanité a travaillé dur dans de nombreuses parties du monde pour abolir l'esclavage - et pourtant le consommateur passe sa vie entière sous un joug imposé de manière délibéré. Ils sont ignorant du fait qu'ils espéraient ne pas être un consommateur lorsqu'ils consomment de la pornographie. La seule fois où la pornographie devient quelque chose de précieux, c'est quand on "essaie" de limiter sa consommation, de s'abstenir, ou quand cette abstinence nous est forcée.

On ne peut pas le répéter assez souvent, c'est ce lavage de cerveau qui rend difficile d'arrêter. Plus nous le dissipons avant de commencer, plus atteindre notre but semblera facile. Les utilisateurs confirmés, qui croient que la pornographie n'a pas des effets négatifs sur eux (problèmes d'érections causé par le porno, hypofrontalités, etc.) et qui n'ont pas de combats psychologiques avec, sont souvent plus jeunes ou célibataires avec occasionnellement des partenaires. Ainsi leurs réflexions internes sont perdues, cela est à cause de leur jeunesse ou de la rareté de ces pensées, elles ne sont ni étudiées ni enregistrées.
Un meilleur argument pour les consommateurs plus jeunes est celui du temps, autrement dit *"Je n'arrive pas à croire que tu n'es pas inquiet du temps que tu passes à faire ça"*. Souvent leurs yeux s'illuminent, ils se sentent désavantagés s'ils ont attaqué sur la question de la santé ou du tabou social, mais sur le temps ... *"Oh, je peux me le permettre. C'est que x heures par semaine et je pense que ça le mérite, c'est ma seule manière de ressentir du plaisir."*

"Je n'arrive toujours pas à croire que tu n'es pas inquiet. On va assumer que ça dure en moyenne une demi-heure par jour, ce qui inclut la période de syndrome de manque de dopamine. Tu dépenses une journée de travail à faire ça tous les 15 jours. Je suis sûr que tu es d'accord qu'une demi-heure par jour est une estimation très basse du temps passé. As-tu pensé à combien de temps ça te prendra dans toute ta vie ? Que fais-tu en ce temps ? Tu crées de vraies relations ? Non, ton actrice porn préférée n'a pas de sympathie pour toi, juste parce que tu passes autant de temps à regarder ses vidéos - tu gâches ton temps ! Et pas que, tu en profites pour ruiner ta santé physique. Tu détruis tes nerfs et ta confiance en toi, tout ça pour subir une vie d'esclavage, douleur, mélancholie et maussade. Sûrement que ça t'inquiète ?"

Ça devient évident - surtout pour les consommateurs les plus jeunes - qu'ils n'avaient jamais considéré ça comme une addiction à vie. Quelques fois ils calculent le temps qu'ils dépensent en une semaine et c'est déjà alarmant. Très rarement, et seulement lorsqu'ils essaient d'arrêter, ils calculent le temps qu'ils dépensent sur un an, ce qui est terrifiant - mais sur une vie entière c'est inimaginable. Par contre comme on est dans un argument, l'utilisateur confirmé dira *"Je peux me le permettre, c'est que tant de temps par semaine"*, ils créent une routine inutile et chronophage tout seuls.

Refuserais-tu un travail qui te paie autant que celui que tu as actuellement mais te donne également un mois de vacances chaque année ? N'importe quel consommateur accepterait sans perdre de temps, ils chercheraient des destinations dans des îles tropicales. Le gros problème serait : *"que faire de ce temps ?"*. Dans chaque discussion avec un utilisateur confirmé (gardez en tête que ce n'est pas quelqu'un comme vous, quelqu'un qui veut arrêter), personne n'a jamais accepté cette offre. Pourquoi donc ?
Souvent à ce moment, un utilisateur confirmé dira *"Écoute, je ne suis pas vraiment inquiet de l'aspect monétaire"*. Si tu penses comme ça, demande-toi pourquoi tu n'es pas inquiet. Pourquoi dans d'autres

facettes de ta vie tu vas aller très loin pour économiser quelques euros, mais tu dépenses des milliers pour tuer ton bonheur sans compter.

Toutes les autres décisions dans ta vie seront le résultat d'un procédé analytique. Tu as pesé les pour et les contres afin d'arriver à une décision rationnelle. Ce n'était pas forcément la bonne décision, mais c'était le résultat d'une déduction rationnelle. Chaque fois que quelqu'un arrête de peser le pour et le contre de la pornographie sur internet, la réponse est *"ARRÊTE D'Y TOUCHER! T'ES ADDICT!"*. Ainsi tous les consommateurs ne consomment pas parce qu'ils le veulent, mais parce qu'ils ne peuvent pas s'arrêter. Ils **doivent** consommer de la pornographie, et donc continuent de se laver le cerveau, et gardent leur tête dans le sol.

Les utilisateurs confirmés doivent garder en tête que la situation ne peut que s'empirer, avec plus d'études qui sortent et plus de personnes qui racontent les effets néfastes de la pornographie. Aujourd'hui c'est des personnes non professionnelles qui en discutent, demain ça sera des médecins et sur les listes de diagnostics. Passés sont les jours où le consommateur pouvait cacher ces "moments" derrière le stress du travail, dans une relation sexuelle. Ton partenaire te demandera pourquoi tu restes aussi longtemps sur ton ordinateur portable tard le soir. Le pauvre consommateur - déjà misérable - veut maintenant disparaître de la surface du monde.

La chose étrange est que beaucoup de personnes paient cher pour des abonnements à la gym ou des entraîneurs personnels afin d'avoir des muscles et devenir sculpté. Beaucoup de ces personnes tentent, dans leur désespoir imaginaire (et réel), des traitements comme augmenter leur testostérone avec des résultats douteux et des effets secondaires néfastes. Pourtant, il y aurait beaucoup de personnes dans ce groupe qui gagneraient à arrêter une habitude qui détruit systématiquement le système de relaxation de leur cerveau.

C'est parce qu'ils pensent encore avec l'esprit du consommateur qui a subi un lavage de cerveau. Frottez le sable de vos yeux pour une seconde. La pornographie sur internet est une réaction en chaîne et une chaîne à vie, si tu ne brises pas cette chaîne tu resteras un consommateur à vie. Calcule le nombre d'heures que tu passeras à regarder de la pornographie jusqu'à la fin de ta vie. Évidemment, cela varie d'une personne à l'autre, mais supposons que ce soit l'équivalent d'un an et demi de journées de travail. Imagine qu'il y ait un chèque de la loterie avec 1,5 an de salaire dans ta boîte aux lettres demain. Tu danserais de joie, alors commence à danser ! Tu vas recevoir ces bénéfices !

Si tu penses que c'est une manière tordue de la voir, tu te mens tout seul. Imagine le temps que tu aurais gagné si tu n'avais jamais œillette cette page web au début.
En bref, c'est toi qui choisis quand est la dernière session (pas tout de suite, souviens toi des instructions !), tu resteras un non-consommateur en ne tombant pas dans le même piège. Tout ce que tu dois faire pour rester "non-consommateur" c'est de ne plus regarder de la pornographie et d'éviter les "juste un petit coup d'œil". Si tu le fais, souviens-toi, ça te coûtera peu importe ce qu'est ton salaire.
Si tu es le mentor de quelqu'un qui est addict, raconte-leur que tu connais quelqu'un qui a refusé un travail qui rapportait autant que leur précédent mais avec un mois de vacances en plus. Quand il demandera quel idiot a bien pu faire ça, tu diras "***TOI !***". C'est méchant, mais des fois être poli ne suffit pas pour instruire quelqu'un.

9 - La santé

C'est le sujet sur lequel le lavage de cerveau est le plus important chez les utilisateurs - particulièrement les jeunes et les célibataires - qui pensent connaître les risques sur la santé mais ne les connaissent pas. Beaucoup se voilent la face en disant qu'ils sont préparés à accepter les conséquences. Si votre box internet était équipée d'une fonction qui lançait une alarme à chaque fois que vous cliquez sur un site pornographique avec un message d'alerte disant - *"Jusqu'à maintenant tu t'en es bien tiré mais si tu restes sur ce site une minute de plus ta tête va exploser."* Seriez-vous resté ? Si vous doutez de votre réponse, essayez d'aller au sommet d'une falaise, tenez-vous au bord avec vos yeux fermés et imaginez-vous avoir le choix de soit arrêter d'utiliser du porno ou de faire un pas en avant les yeux bandés.

Il n'y a aucun doute quant à votre choix alors, mais en vous voilant la face et en espérant que vous vous réveillerez un matin sans plus aucun désir de regarder du porno, vous n'accomplirez rien. Les utilisateurs ne peuvent se permettre de penser aux risques sur la santé, s'ils le font le plaisir illusoire de l'addiction disparaîtra. Cela explique pourquoi les traitements de chocs sont si inefficaces dans les premiers jours après l'arrêt, ce sont seulement les non-utilisateurs qui se poussent à se renseigner à propos des changements destructeurs pour le cerveau.

Prenez cette conversation assez commune avec les utilisateurs, généralement des jeunes.

> ***Moi:*** "Pourquoi veux-tu arrêter ?"
> ***Utilisateur:*** *"J'ai lu sur le blog d'un coach en séduction qu'il est bon d'arrêter quatre jours pour augmenter mon énergie."*
> ***Moi:*** "Tu n'es pas inquiet à propos des risques pour la santé ?"
> ***Utilisateur:*** *"Non, après tout je pourrai être écrasé par un bus demain."*
> ***Moi:*** "Mais irais-tu délibérément sauter sous un bus ?"
> ***Utilisateur:*** *"Bien sûr que non."*

Moi: "Ne prends-tu pas la peine de regarder de chaque côté de la route avant de la traverser ?"
Utilisateur: *"Bien sûr que si."*
Exactement, ils prennent beaucoup de précautions pour ne pas se faire écraser par un bus et les probabilités que cela arrive sont très faibles. Pourtant l'utilisateur risque avec une quasi-certitude d'être affecté par son addiction et semble en être totalement inconscient. Tel est le pouvoir de lavage de cerveau, le porno en ligne est un loup déguisé en agneau. N'est-ce pas étrange que si nous pensions qu'il y avait la moindre défaillance sur un avion nous ne monterions pas dedans - même si les risques sont d'une "chance" sur un million - et pourtant nous prenons un risque de plus d'une "chance" sur quatre avec le porno et sommes apparemment inconscient de celui-ci ? Qu'est-ce que l'utilisateur en tire? **Absolument rien !**

Un autre mythe commun est celui de la dépression ou de l'irritabilité. Beaucoup de jeunes gens ne sont pas inquiets de leur santé car ils ne souffrent d'aucune déprime ou de mélancolie. La dépression ou le stress n'est pas la maladie, c'est un symptôme. Les plus jeunes ne ressentent en général pas l'irritabilité ou la déprime créé dû à la capacité naturelle de leurs corps à produire plus de dopamine. Alors qu'ils grandissent où que leur vie connaît de sérieux revers, leurs ressources déjà réduites sont surmenés et ils expérimenteront complètement ces symptômes. Quand les utilisateurs plus âgés se sentent stressés, déprimés ou irascibles, c'est car le mécanisme de sécurité de leur corps protège le système nerveux des inondations excessives de dopamine en réduisant les récepteurs. L'utilisateur développe aussi d'autres changements neurologiques qui les gardent dans la routine.

Voyez la chose ainsi, si vous aviez une belle voiture et la laissiez rouiller sans rien faire, ce serait idiot de votre part. Elle deviendrait rapidement un immuable bloc de rouille, incapable de vous conduire quelque part. Cependant, ce ne serait pas la fin du monde puisque c'est juste une question d'argent. Mais votre corps est le véhicule qui vous transporte à travers toute votre vie. Nous disons tous que la santé est le plus important, demandez à n'importe quelle milliardaire atteint d'une maladie. La plupart d'entre nous peuvent repenser à une maladie ou un accident dans notre vie où nous priions pour nous remettre. En étant un utilisateur de porno, non seulement vous laissez la rouille s'installer sans rien faire, mais vous détruisez systématiquement l'unique véhicule qui vous fait avancer dans votre vie.

Ouvrez les yeux. Vous n'avez pas à faire ça, souvenez-vous, ça ne fait *absolument rien pour vous.* Juste un instant, arrêtez de faire l'autruche et demandez-vous, si vous saviez avec certitude que votre prochaine session commencera un processus vous rendant complètement insensible à quelqu'un que vous aimez profondément, continueriez-vous d'utiliser du porno ? Concernant les personnes à qui s'est arrivé, ils ne s'attendaient certainement pas à ce que ça leur tombe dessus eux aussi, et le pire n'est pas le résultat en lui-même mais de savoir que c'est entièrement leur faute. Essayez d'imaginer comment les gens qui ont appuyé sur l'arrêt d'urgence se sentent, pour eux le lavage de cerveau est terminé. Ils passent le reste de leurs vies en pensant, *"Pourquoi je me suis bercé d'illusions pendant si longtemps en pensant que j'avais besoin de me masturber sur de la pornographie en ligne ? Si seulement je pouvais avoir la chance de revenir en arrière !"*

Arrêtez de vous voiler la face, vous avez cette chance. C'est une réaction en chaîne, si vous vous engagez dans la prochaine session de prono, ça mènera à la suivante puis à une autre et ainsi de suite. Ça vous arrive déjà. EasyPeasy promet aucun traitement de choc, si vous avez déjà décidé d'arrêter, ce qui suit ne vous choquera pas. Si vous n'avez pas encore pris de décision, passez le reste de ce chapitre et revenez vers lui quand vous aurez fini le reste du livre.

Des tonnes et des tonnes d'articles ont déjà été écrits sur les dégâts que fait le porno en ligne à nos vies sexuelles et notre bien-être psychologique. Le problème étant qu'avant qu'ils décident d'arrêter, les utilisateurs ne veulent pas les connaître. Les forums et les groupes d'aides sont une perte de temps car le porno met des œillères aux utilisateurs. Si lu sans attention, la première chose qu'ils font est d'aller sur leur site porno favori. Les utilisateurs de porno ont tendance à penser que le bonheur, le stress et les dangers du sexe sont aléatoires, comme marcher sur une mine.

Imprimez ça dans votre esprit, ça vous arrive déjà. *A chaque fois* que vous allez sur votre site pornographique vous déclenchez l'inondation de dopamine et les opioïdes se mettent au travail. Le toboggan neurologique est graissé et la glissade vous amène doucement vers la prochaine étape, votre cerveau étant déjà soumis au script. Le système nerveux est maintenant inondé de dopamine et puisque c'est la énième fois, les récepteurs de dopamine se ferment et le petit monstre se sert de cette légère baisse de plaisir comparé à la session précédente pour vous faire franchir un peu plus la ligne rouge vers des contenus ou comportements plus choquants pour libérer plus de dopamine. Plus de nouveauté, plus de dopamine et le petit monstre vous dit de continuer. Autant d'images et de vidéos en une seule session déclenche un stimulus supranormal, injectant plus de molécules biochimiques dans votre cerveau et vous poussant à continuer.

Pendant tout ce temps, vos récepteurs reçoivent l'ordre de se fermer en réponse à l'inondation. L'orgasme ne fait qu'accentuer cet effet et mène au manque. Vous êtes dans le déni puisque le petit monstre demande sa dose sans réelle douleur ou inconfort. La menace d'avoir des problèmes d'érection en terrifie beaucoup, et c'est pourquoi ils la chassent de leur esprit et l'éclipsent par la peur d'arrêter le porno. Ce n'est pas que la peur est plus grande, mais s'arrêter aujourd'hui est immédiat. Pourquoi voir le côté négatif ? Peut-être que ça n'arrivera pas, ayant juré d'arrêter d'ici là de toute façon.
On a tendance à penser au porno comme à une lutte acharnée entre 2 camps, d'un côté il y a la peur : *"C'est mauvais pour la santé, sale et*

asservissant." De l'autre côté, les points positifs : *"C'est mon plaisir, mon ami, mon soutien."* Il semble ne jamais nous venir à l'esprit que ce camp est aussi celui de la peur; ce n'est pas que nous apprécions le porno, c'est que nous avons tendance à nous sentir misérable sans. Les addicts à l'héroïne qui en sont privés sont en détresse, mais imaginez la joie profonde qu'ils ressentent quand ils sont finalement autorisés à plonger une seringue dans leur veine et faire disparaître ce terrible désir. Essayez d'imaginer comment n'importe qui pourrait réellement croire qu'ils obtiennent du plaisir en se piquant avec une seringue hypodermique. Les personnes qui ne sont pas addicts à l'héroïne ne souffrent pas de ce sentiment de panique et l'héroïne ne le soulage pas, elle le cause.

Les non-utilisateurs ne se sentent pas misérables s'ils ne sont pas autorisés à utiliser du porno - seuls les utilisateurs souffrent de ce sentiment. Le porno en ligne ne soulage pas ce sentiment, il le cause. La peur des conséquences négatives n'aide pas les utilisateurs à arrêter, assimilant cela à marcher sur un champ de mine. Si vous vous en sortez, très bien, mais si vous n'avez pas eu de chance et marché sur une mine vous devez faire face aux conséquences. Si vous connaissiez les risques et étiez préparé à leurs faire face, qu'est-ce que cela avait à voir avec qui que ce soit d'autre ? Les addicts dans cet état développent typiquement les tactiques suivantes.

"Tu finiras par être vieux et perdra ton habileté sexuelle dans tous les cas..."
Bien sûr que ce sera le cas, mais l'habileté au sexe n'est pas l'intérêt - nous parlons ici d'asservissement. Même si c'est le cas, est-ce une raison logique de délibérément écourter ces capacités ?
"La qualité de vie est plus importante que la vie en elle-même.
Précisément ! Suggérez-vous qu'un addict a une plus grande qualité de vie que quelqu'un qui ne l'est pas ? Vous croyez vraiment que la qualité de vie des utilisateurs est meilleure que celle des non-

utilisateurs ? Une vie passée à se voiler la face et être malheureux ne semble pas très plaisante.

"Je suis célibataire et ne compte pas me poser dans le futur, alors pourquoi pas ?"
Même si c'est vrai, est-ce une raison logique de jouer avec les mécanismes neurologiques de contrôles des pulsions ? Pouvez-vous concevoir quelqu'un d'assez stupide pour se déshabiller dès qu'il est seul, indépendamment d'à quel point il est sûr qu'il n'attend personne ? **C'est ce que les utilisateurs font en réalité !**
L'obturation progressive de nos circuits de récompense avec une stimulation excessive, et les rendre incapable de gérer les stress quotidiens n'aident pas à apprécier notre vie avec enthousiasme et vigueur. Le porno et la masturbation ont remplacé l'appétit sexuel naturel, comme une tablette de chocolat remplaçant de la vraie nourriture. Sans surprise, beaucoup de docteurs et de psychologues relient désormais différents problèmes de santé mentale à des causes physiologiques. La communauté médicale mainstream a répété qu'il n'a jamais été scientifiquement prouvé que le porno est la cause directe des problèmes rapportés par différents individus, mais admettre sa dysfonction sexuelle en public est très honteux. Pourquoi quelqu'un le ferait-il, à moins d'être vraiment concerné — ayant trouvé la cause et l'ayant éliminée de sa propre vie ?

EasyPeasy va vous aider à vous débarrasser du porno et à devenir un heureux ex utilisateur. Pas de porno, pas de masturbation aidée de pornographie ou d'orgasmes superflus. La seule aide sera le toucher, l'odeur et le parfum de votre partenaire. Comme avec du pain complet après avoir bien développé son appétit, vous ne désirerez plus le sirop riche en fructose qu'est le porno en ligne. L'évidence est si accablante, qu'elle ne nécessite aucune preuve; quand je frappe mon pouce avec un marteau c'est douloureux, il n'y a pas besoin de le prouver. Le stress du porno en ligne déborde sur d'autres aspects de la vie des utilisateurs, prédisposant beaucoup à se tourner vers des drogues comme la cigarette ou l'alcool pour le gérer, et dans certain cas en venant même à considérer le suicide.

Les utilisateurs souffrent aussi de l'illusion que les effets néfastes du porno sont exagérés. L'inverse est vrai, Il n'y a aucun doute que le porno en ligne est la cause principale des dysfonctions sexuelles et de bien d'autres problèmes. Combien de divorces ont été causés par le porno ? Il n'y a aucun moyen sûr de le savoir, mais les recherches sur les communautés en ligne suggèrent que leurs nombres croient exponentiellement.

Il y a un épisode de *Friends* où les protagonistes, qui recevaient continuellement du porno gratuitement sur leur télévision, commençaient à se demander pourquoi la livreuse de pizza n'a pas demandé à voir leur "grosse chambre à coucher". Quand vous êtes addict, vous projetez inévitablement les fantasmes pornographiques sur de vraies femmes. Imaginez ce qu'une exposition imprudente ou même accidentelle au porno dans les coins les plus sombres d'internet pourrait faire à quelqu'un se trouvant déjà à un point difficile de sa vie. Combattre ses pensées induites par le porno sera un épuisement majeur pour sa santé mentale.

Voici une autre expérience de pensée, disons qu'une femme vient à vous et dit qu'elle ne veut pas nécessairement avoir un orgasme mais désire vraiment faire l'amour, même par pénétration. Elle veut le faire aussi longtemps que vous pouvez sans orgasme - mais si vous en avez un alors ce n'est pas grave. Je vous assure que c'est une incroyable nouvelle expérience sexuelle et bien meilleure qu'aucune autre, si vous avez cette offre. Essayez.

Les effets du lavage de cerveau nous font penser comme l'homme qui tombe d'un immeuble de 50 étages et qui à chaque étage se répète, *"Jusqu'ici tout va bien !"* Nous pensons que nous avons réussi à nous en sortir jusqu'ici, qu'une session de porno supplémentaire ne fera aucune différence. Voyons cela sous un autre angle, "l'habitude" est une chaîne continue avec chaque session créant un besoin pour la suivante. Quand vous commencez cette habitude, vous allumez une mèche. Le problème étant, *vous ne connaissez pas la longueur de la mèche.* Chaque fois que vous vous laissez aller à une session de porno vous êtes un peu plus proche du moment où la bombe explosera. **COMMENT SAUREZ-VOUS SI C'EST LA PROCHAINE ?**

9.1 - Les ombres sinistres

Les utilisateurs trouvent très difficile de croire que le porno en ligne cause en réalité ces sentiments d'anxiété quand vous êtes dehors tard le soir après une journée de querelles à la maison ou au travail. Les non-utilisateurs ne souffrent pas de ce sentiment, c'est le porno qui le cause.

Une autre des grandes joies d'arrêter le porno est la libération de ces ombres sinistres au fond de nos esprits. Tous les utilisateurs savent qu'ils sont idiots de fermer les yeux aux effets néfastes de la pornographie. La plupart du temps c'est automatique, mais les ombres rôdent toujours dans notre subconscient, juste sous la surface. Plusieurs des merveilleux bénéfices de l'arrêt de l'utilisation de la pornographie sont conscient, tel que la perte de temps et la pure stupidité de faire l'amour à une image en 2 dimensions.

Les derniers chapitres ont traité des avantages considérables à être un non utilisateur, mais par impartialité il est nécessaire de donner un compte-rendu équilibré. Ainsi, le prochain chapitre liste les avantages à être un utilisateur de porno.

10 - Les avantages d'être un utilisateur de porno

Aucun :)

11 - La Méthode Volonté

Il est communément admis qu'il est très difficile d'arrêter d'utiliser du porno. Les livres et forums vous expliquant comment stopper commencent généralement par vous dire à quel point c'est difficile. La vérité est que c'est ridiculement facile. C'est compréhensible de questionner cette affirmation, mais d'abord envisagez-la. Si votre but est de courir le 1 000 mètres en 2 minutes 30, *c'est* difficile et vous devrez suivre des années d'entraînements rigoureux, et même alors potentiellement en être physiquement incapable.
Cependant, tout ce que vous avez à faire pour arrêter le porno est de ne plus en regarder et/ou de vous masturber. Personne ne vous force à vous masturber (excepté vous-même) et contrairement à la nourriture et à l'eau, ce n'est pas nécessaire à la survie. Alors si vous voulez arrêter, pourquoi ça serait difficile ? En fait, ça ne l'est pas. Ce sont les utilisateurs eux-mêmes qui le rendent difficile à travers la méthode volonté ou toute méthode qui force l'utilisateur à avoir l'impression qu'il fait une sorte de sacrifice. Considérons ces méthodes.

On ne décide pas de devenir des utilisateurs, nous expérimentons simplement avec des sites ou magazines porno par curiosité et parce qu'ils sont affreux (oui, affreux), outre la vidéo que nous recherchons, nous sommes convaincus que nous pouvons nous arrêter quand nous le désirons. Au début, nous regardons ces quelques vidéos quand on le veut et pour des occasions spéciales. Avant que nous nous en rendions compte, non seulement nous visitons ces sites régulièrement en nous masturbant quand on le veut - mais nous nous masturbons dessus tous les jours. Le porno est devenu une partie de nos vies, et nous nous assurons alors que nous avons une connexion internet partout où nous allons. Nous croyons ensuite que l'amour, le sexe et l'orgasme nous est dû, et que le porno soulage du stress. Il ne semble pas nous venir à l'esprit que la même vidéo et les mêmes acteurs ne nous procurent plus le même niveau d'excitation et nous commençons à nous battre contre la ligne rouge pour éviter le "mauvais porno". En réalité, la masturbation et le porno en ligne n'améliorent pas nos vies sexuelles et ne réduisent pas non plus le stress, c'est seulement que les utilisateurs croient qu'ils ne peuvent apprécier leur vie ou gérer le stress sans un orgasme.

Cela nous prend généralement assez longtemps pour réaliser que nous sommes accros car nous sommes victimes de l'illusion comme quoi les utilisateurs regardent du porno car ils apprécient le faire - et pas parce qu'ils en ont **besoin**. Quand nous ne sommes pas en train "d'apprécier" du porno, ce que nous ne pouvons jamais faire sans que de la nouveauté, des contenus choquants ou leur escalade soit ajouté, nous sommes sous l'illusion que nous pouvons nous arrêter à tout moment. C'est le piège de la confiance en soi, *"Je n'apprécie pas le porno, donc je peux arrêter quand je veux"*. Seulement tu ne sembles jamais "vouloir" arrêter.
C'est d'ordinaire pas avant que nous essayions réellement d'arrêter que nous réalisons qu'un problème existe, les premières tentatives arrivent en général assez rapidement - déclenché par la rencontre avec un partenaire et se rendant compte qu'ils ne sont *"pas assez bien"* après les premiers rendez-vous. Une autre raison commune est de s'apercevoir d'effets sur la santé présent au quotidien.
Indépendamment de la raison, l'utilisateur attends toujours une situation stressante, que ce soit via la santé ou le sexe. Dès qu'il arrête, le petit monstre commence à avoir faim. L'utilisateur veut alors quelque chose pour augmenter sa dopamine, comme les cigarettes, l'alcool, ou son préféré - le porno en ligne - avec son harem à seulement un clic de lui. La cachette à porno n'est plus dans la cave, elle est virtuelle et accessible partout. Si sa partenaire est présente ou s'il est avec des amis, il n'a plus accès à son harem virtuel, le mettant encore plus en détresse.

Si l'utilisateur est tombé sur des articles scientifiques où sur des communautés en ligne, il y aura une lutte acharnée dans son esprit, résistant aux tentations et se sentant privé. Sa façon habituelle de soulager le stress est maintenant indisponible, il souffre d'une triple peine. Le résultat probable après cette période de torture est un compromis - *"Je vais réduire"* ou *"J'ai choisi le mauvais moment"* ou peut-être, *"Je vais attendre d'être moins stressé"*. Cependant, une fois le stress disparu il n'y a plus de raisons d'arrêter et l'utilisateur ne se décide pas à arrêter de nouveau avant la prochaine période de stress. Bien sûr, il n'y a jamais de bon moment, car pour la plupart des gens la vie devient de plus en plus stressante. Nous quittons le cocon familial, devons-nous installer dans une maison, faisons des emprunts et des hypothèques, avons des enfants et des emplois avec plus de responsabilités. Quoi qu'il en soit, la vie de l'utilisateur ne peut pas devenir moins stressante car le porno provoque du stress. Plus vite l'utilisateur traverse la phase d'escalade des contenus, plus il devient désespéré et plus l'illusion de la dépendance grandit.

En fait, c'est un mensonge que la vie devient plus stressante et le porno - ou un soutien similaire - crée cette illusion. Cela sera traité plus en détails plus tard, mais après ces premiers échecs l'utilisateur se repose sur la possibilité qu'il se réveillera un jour et ne désirera tout simplement plus se masturber ou regarder du porno, etc. Cet espoir est souvent suscité par les histoires venant d'ex-utilisateurs, *"Je n'étais pas sérieux jusqu'à ce que j'aie du mal à faire l'amour, à ce moment-là je ne voulais plus utiliser du porno et j'ai arrêté de me masturber."*
Ne vous faites pas d'illusion, enquêtez sur ces rumeurs et vous découvrirez qu'elles ne sont jamais aussi simples qu'il n'y paraît. Généralement l'utilisateur se préparait déjà à arrêter et a simplement utilisé cet incident comme un tremplin. Plus souvent dans le cas de ceux qui se sont arrêtés "comme ça", ils ont souffert d'un choc; peut-être ont-ils été surpris par leur partenaire, ont eu un moment de lucidité en regardant du porno qui ne ressemble en rien à leur orientation sexuelle normale ou une dysfonction sexuelle leur a fait

peur. *"Je suis juste ce genre de personne."* Arrêtez de vous voiler la face. Ça n'arrivera pas à moins que vous ne le fassiez de vous-même.

Examinons en détails pourquoi la méthode volonté est si difficile. Pendant la plus grande partie de notre vie nous adoptons l'approche de l'autruche *"J'arrêterai demain."* A certains moments, quelque chose va déclencher une tentative d'arrêter. Ça peut être des inquiétudes à propos de sa santé, sa virilité ou une introspection qui nous fait réaliser que nous n'aimons pas vraiment ça. Peu importe la raison, nous commençons à peser le pour et le contre du porno. Le sexe est divisé entre le sexe tantrique (le toucher, l'odeur, la voix) et le sexe reproductif (orgasme); c'est une des clés majeures pour ouvrir son esprit, sans cette importante distinction, il y aura une confusion qui mènera à l'échec. Après une évaluation rationnelle nous découvrons ce que nous avons toujours su, la conclusion est un millier de fois ***"ARRÊTEZ DE REGARDER DU PORNO !"***

Si vous deviez donner des points aux avantages d'arrêter et les comparer aux avantages du porno, le total des points pour l'arrêt dépasse de loin n'importe quel "désavantage". Si vous employez le Pari Pascalien, en arrêtant vous ne perdez presque rien, avec de grandes chances d'y gagner et de plus grandes chances encore de ne *plus* y perdre. Malgré que les utilisateurs sachent qu'ils seraient mieux en tant que non-utilisateurs, la croyance qu'ils font un sacrifice les fait trébucher. Malgré que ce soit une illusion, elle est puissante. Ils ne savent pas pourquoi, mais les utilisateurs croient que pendant les bons et mauvais moments de leur vie, les sessions semblent les aider. Même avant de tenter d'arrêter, le lavage de cerveau social renforcé par le lavage de cerveau venant de leur propre addiction est ensuite combiné avec l'encore plus puissant lavage de cerveau disant à quel point il est difficile "d'abandonner" le porno.

Ils entendent les histoires de ceux ayant arrêté pendant plusieurs mois et désirant pourtant ardemment une session et des comptes-rendus de mécontents, ayant arrêté et passant le reste de leurs vies se lamentant sur le fait qu'ils adoreraient avoir une session. Les récits d'utilisateurs arrêtant pendant de nombreux mois ou années, vivant heureux avant d'avoir une "dose" de porno et d'être soudainement accros à nouveau. Ils connaissent probablement plusieurs personnes dans des stades avancés de la maladie, visiblement en train de s'autodétruire et n'appréciant clairement pas leur vie - et pourtant ils continuent d'utiliser du porno. En plus de tout ça, ils ont sûrement vécu eux-mêmes quelques-unes de ces expériences.

Alors au lieu de commencer en pensant, *"Super ! Vous connaissez la nouvelle ? Je n'ai plus besoin de regarder du porno !"* ils commencent avec pessimisme - comme s'ils essayaient de gravir l'Everest - et ils estiment à tort qu'une fois que le petit monstre vous tient, vous êtes accro à vie. Beaucoup d'utilisateurs commencent leur tentative en s'excusant auprès de leurs petites amies ou de leurs femmes, *"Écoute, j'essaie d'arrêter le porno. Je serai sûrement très à cran ces prochaines semaines, essaie de le supporter."* La plupart des tentatives sont condamnées avant même d'avoir commencé.

Considérons que l'utilisateur survit quelques jours sans session, il retrouve son excitation et commence à récupérer. Il n'a pas consulté son site pornographique favori et est par conséquent excité par des stimuli normaux qu'il ignorait auparavant. La raison première pour laquelle il a arrêté disparaît rapidement de son esprit, comme après avoir vu un grave accident de la route en conduisant. Nous ralentissons pour un moment, mais recommençons à rouler vite dès que nous sommes en retard pour un rendez-vous.

Dans l'autre camp de cette guerre se trouve le petit monstre qui n'a toujours pas eu sa dose. Il n'y a pas de douleur physique - si vous aviez le même sentiment à cause d'un rhume, vous ne vous arrêteriez pas de travailler ou ne déprimeriez pas, vous en ririez. Tout ce que l'utilisateur sait, c'est qu'il veut aller voir son harem. Le petit monstre le sait, et met en route le gros monstre du lavage de cerveau, causant la même personne qui quelques heures plus tôt listait toutes les raisons d'arrêter, à chercher maintenant n'importe quelle excuse pour recommencer. Il commence à dire des choses comme :

- *"La vie est trop courte, une bombe pourrait exploser, je pourrais passer sous un bus demain. J'ai arrêté trop tard. Ils disent que n'importe quoi rend addict aujourd'hui."*

- *"J'ai choisi le mauvais moment."*

- *"J'aurais dû attendre après Noël, après mes vacances/examens, après cet évènement stressant dans ma vie."*

- *"Je ne peux pas me concentrer, je deviens irritable et de mauvaise humeur, je ne peux même plus faire mon boulot correctement."*

- *"Ma famille et mes amis ne m'aimeront pas. Regardons les choses en face, dans l'intérêt de tous, je dois recommencer. Je suis bien addict au sexe et je ne peux plus être heureux à nouveau sans un orgasme".*

- *"Personne ne peut survivre sans sexe."* (Lavage de cerveau par des personnes bien intentionnés qui ne prennent pas en considération la différence entre les parties tantrique et propagative du sexe).

- *"Je savais que ça arriverait, mon cerveau est "désensibilisé" par la molécule DeltaFosB à cause des changements venant des afflux de dopamines dû à mon utilisation excessive de porno. La sensibilité ne peut "jamais" être supprimée du cerveau."*

Généralement, à ce stade, l'utilisateur capitule. Ouvrant le navigateur, sa schizophrénie s'intensifiant. D'un côté il y a l'énorme soulagement de faire disparaître l'envie alors que le petit monstre a enfin sa dose; de l'autre, l'orgasme est affreux et l'utilisateur ne comprend pas pourquoi il fait ça. C'est pourquoi les utilisateurs pensent qu'ils manquent de volonté. Ce n'est en réalité pas un manque de volonté, tout ce qu'ils ont fait est changer d'avis et ont eu une décision totalement rationnelle au vu des dernières données.
"Quel est l'intérêt d'être en bonne santé ou riche si vous êtes malheureux ?"

Absolument aucun ! Il est bien mieux d'avoir une courte mais agréable vie qu'une longue et misérable. Heureusement, ceci est faux pour le non-utilisateur, puisque la vie est infiniment plus agréable. La détresse dont l'utilisateur souffre n'est pas dû aux effets du manque - malgré qu'ils en soient les déclencheurs initiaux - la véritable agonie est la lutte acharnée dans son esprit causée par l'incertitude et le doute. Car l'utilisateur commence à penser qu'il fait un sacrifice, il finit alors par se sentir privé de quelque chose, ce qui est une forme de stress.

L'un de ce moment stressant est quand le cerveau lui demande de "prendre une dose"; voulant faire marche-arrière dès qu'il arrête. Mais car il a arrêté, il ne peut pas et cela le rend encore plus déprimé ce qui amorce la détente à nouveau. Un autre facteur qui rend l'arrêt si difficile est l'attente d'un changement. Si votre objectif est de passer votre permis, dès que vous avez fini l'examen vous êtes sûr d'avoir ou non atteint votre objectif. Avec la méthode volonté le discours interne est - *"Si je peux tenir assez longtemps sans porno en ligne, l'envie de regarder finira par disparaître."* Vous pouvez vous en rendre compte sur les forums en ligne où les addicts parlent de leurs tentatives ou de leurs jours d'abstinence.

Comme dit plus haut, la souffrance que l'utilisateur endure est mentale et causée par l'incertitude. Malgré qu'il n'y ait aucune douleur physique, les effets restent puissants. Désormais malheureux et peu sûr de lui, l'utilisateur est loin d'oublier, dorénavant rempli de doutes et de craintes.

- *"Combien de temps ce désir va-t-il durer ?"*

- *"Ne serai-je jamais heureux à nouveau ?"*

- *"Est-ce que je voudrais un jour me lever le matin ?"*

- *"Comment vais-je gérer le stress dans le futur ?"*

L'utilisateur attend que le choses s'améliore mais alors qu'il continue à se morfondre, le "harem" devient de plus en plus précieux. En fait, quelque chose *est* en train d'arriver mais inconsciemment, s'il peut survivre plusieurs semaines sans ouvrir le navigateur, le désir du petit monstre disparaît. Cependant, comme expliqué précédemment les effets du manque de dopamine et d'opioïdes sont si subtil que l'utilisateur n'est même pas conscient d'eux. A ce moment, beaucoup d'utilisateurs peuvent sentir qu'ils "s'en sont débarrassés" et alors prennent une dose pour le prouver, ce qui les envoient à nouveau en bas du toboggan. Ayant procuré de la dopamine au corps, il y a maintenant une petite voie à l'arrière de leur tête disant *"Tu en veux une autre."* En fait, ils s'en sont débarrassés, mais sont redevenus accros.

Enfant vous regardiez des dessins-animés et selon les neurosciences vous formiez alors des voies neuronales (DeltaFosB) pour eux. Si vous voulez décourager un enfant de les regarder, vous devriez étudier si ces voies existent toujours et interrogez des adultes sur pourquoi ils n'aiment plus leur dessins-animés d'enfance favori. Premièrement, il y a de meilleurs divertissements disponibles et deuxièmement, ces dessins-animés n'ont plus la même magie en grandissant. Avec la méthode volonté vous refuser juste à l'enfant l'accès à ses dessins-animés, mais avec EasyPeasy vous vous assurez également qu'il n'y voit aucun intérêt. Laquelle est la meilleure?

L'utilisateur ne se lancera généralement pas dans une autre session immédiatement, pensant *"Je ne veux pas être accro à nouveau !"* et s'autorisant une période d'abstinence de quelques heures, jours ou même semaines. L'ex-utilisateur peut alors dire, *"Bien, je ne suis pas redevenu accro, alors je peux avoir une nouvelle session en toute sécurité."* Ils retombent dans le même piège que lorsqu'ils ont commencé en premier lieu et sont déjà sur la pente descendante.

Les utilisateurs qui réussissent à arrêter à l'aide de la méthode volonté ont tendance à la trouver longue et difficile car le problème principal est le lavage de cerveau. Longtemps après que l'addiction physiologique soit morte, l'utilisateur se morfond toujours sur sa souffrance. Eventuellement, après avoir survécut à cette longue torture, ils commencent à s'apercevoir qu'ils ne veulent pas abandonner, cessant de se morfondre et acceptant que la vie continue et reste agréable sans pornographie. Il y a bien plus d'échecs que de réussites, certains ayant réussi traversent leur vie dans un état de grande vulnérabilité, ayant conservé une partie du lavage de cerveau leur disant que le porno leur donne en fait un boost. Ceci explique pourquoi beaucoup d'utilisateurs qui ont stoppé pour de longues périodes finissent par recommencer à utiliser du porno plus tard.

Beaucoup d'ex-utilisateurs auront une session occasionnelle comme une "gâterie spécial" ou pour se convaincre de la force de leur contrôle sur eux-mêmes. Cela fonctionne exactement comme prévu - mais dès que leur session se termine la dopamine commence à quitter leur corps et une petite voix à l'arrière de leur tête commence à les mener vers une autre. S'ils décident de la suivre, alors tout semble sous contrôle, pas de contenus choquants, d'escalade ou de recherche de nouveauté, ils pensent donc - *"Merveilleux ! Puisque je n'aime pas vraiment ça, je ne deviendrai pas accro. Après Noël / les vacances / cette période difficile, j'arrêterai."* Ils ne savent pas que le toboggan dans leurs cerveaux a été de nouveau graissé.

Trop tard, ils sont déjà accros ! Le piège dont ils sont sortis les as fait prisonniers de nouveau.

Comme dit précédemment, le plaisir n'a rien à voir là-dedans. Ça n'a jamais été le cas ! Si nous regardions à cause du plaisir, personne ne resterait sur les sites porno plus de temps qu'il n'en faut pour finir son affaire. Quoi qu'il en soit, une meilleure façon de se donner du plaisir est via les souvenirs. Nous partons du principe que nous apprécions le porno en ligne seulement car nous ne pouvons croire que nous sommes assez stupides pour devenir addict si nous ne l'apprécions pas. La plupart des utilisateurs ne savent rien des stimuli supranormaux, la recherche de contenus nouveaux ou choquants et même après s'être renseigné sur ces sujets, ils ne croient pas que leur usage est motivé par le fonctionnement du système de récompense issus de notre évolution. C'est pourquoi une si grande partie du porno est subconscient, si vous étiez conscients des changements neurologiques et deviez justifier l'argent que ça vous coutera dans le futur, même l'illusion du plaisir disparaîtrait.

Quand nous essayons d'ignorer les mauvais côtés, nous nous sentons idiots. Si nous devions y faire face, ça serait insupportable ! Si vous regardez les utilisateurs en action, vous vous rendrez compte qu'ils sont heureux seulement quand ils ne sont pas conscients de ce qu'ils font. Une fois conscients, ils ont tendance à être gênés et désolés. Le porno nourrit le petit monstre, alors en le purgeant de votre corps avec le lavage de cerveau (le gros monstre), vous n'aurez aucun besoin ni désir d'en regarder !

12 - Attention au rationnement

Beaucoup d'utilisateurs se résolvent à rationner leur consommation comme pour une marche d'escalier vers l'arrêt définitif, ou alors comme une tentative de contrôler le petit monstre. Certains recommandent un rationnement ou une consommation de porno "soft" comme une étape simple. Mais utiliser le rationnement pour tenter d'arrêter est en réalité **fatal.** C'est tous ces essais de rationnement qui nous gardent piégés pour le restant de nos jours. Généralement, rationner sa consommation est une conséquence d'échecs successifs pour arrêter. Après quelques heures ou quelques jours d'abstinence, l'utilisateur se dira quelque chose de semblable :
"Je n'arrive pas à dormir sans payer une visite à mon harem en ligne, donc à partir de maintenant je n'utiliserais de porno qu'une fois tous les 4 jours ou alors je supprimerais ma collection de porno déviant. Si j'arrive à suivre ce régime, je peux alors le maintenir ou alors tenter de rationner encore plus."

Des choses terribles se produisent alors :
1. Ils sont coincés entre le pire des deux mondes, toujours addicts au porno et maintenant le petit monstre vivant non seulement dans leurs corps, mais dans leurs esprits.
2. Ne vivent leur vie qu'à attendre leur prochaine session.
3. Avant de se rationner, à chaque fois qu'ils visitaient leur harem en ligne, ils allumaient leur navigateur et au moins pouvaient soulager leur manque. Maintenant en addition au stress normal de la vie, ils causent une souffrance causée par le manque pour la majeure partie de leurs vies, ce qui les rend encore plus misérables et de mauvaise humeur.
4. Avec cette indulgence, ils n'apprécient pas la majorité de leurs sessions ni ne réalisent qu'ils utilisent des stimuli supranormaux. C'était automatique, la seule visite du harem en ligne qu'ils appréciaient était celle après une période d'abstinence. Maintenant qu'ils attendent une heure de plus

entre chaque visite, ils "apprécient" chacune d'entre elles. Plus ils attendent, plus chaque session leur procurera de "plaisir", parce que le "plaisir" tiré de chaque session n'est pas la session en elle-même, c'est la fin de cette agitation causée par le manque, qu'il soit physiquement perceptible ou mentalement fatigant. Plus la souffrance est longue, plus les sessions paraissent "appréciables".

La première difficulté quand l'on arrête n'est pas l'addiction du point de vue neurologique, qui est l'aspect le plus simple à combattre. Les utilisateurs arrêtent sans soucis durant de nombreuses occasions : la mort d'un proche, des regroupements familiaux, des voyages d'affaires, etc... Ils passent 10 jours sans pornographie ni masturbation et cela ne les dérange pas le moins du monde. Mais s'ils passaient ces mêmes 10 jours dans une situation où ils auraient pu accès à la pornographie, ils s'arracheraient les cheveux de frustration. Beaucoup d'utilisateurs auront la chance de s'abstenir durant leurs journées de travail, et s'abstiennent, ils passent à côté de grandes tentations sans inconvénients. Ils s'abstiennent s'ils ont à dormir sur le canapé pour faire place à un invité, ou sont eux-mêmes invités. Même dans les bars à gogo et les plages nudistes, il n'y a jamais eu d'émeutes à caractère sexuel. Les utilisateurs sont presque heureux de savoir qu'ils ne vont pas pouvoir consommer de porno. En vérité, ceux qui veulent quitter tirent un plaisir secret de passer de longues périodes sans pouvoir visiter leur harem en ligne, espérant que peut-être un jour ils ne le voudront plus tout simplement.

Le vrai problème quand l'on veut arrêter est le lavage de cerveau, une illusion que quelque chose nous est dû et que ce quelque chose est bon, que le porno est une récompense et que la vie ne sera jamais aussi belle sans ça. Loin de vous éloigner du porno, le rationnement vous laisse dans un sentiment constant d'insécurité, vous convainquant que la chose la plus précieuse sur Terre est le dernier clip cochon que vous venez de louper, qu'il n'y a aucune chance d'être heureux sans l'avoir vu.

Il n'y a rien de plus pathétique que l'utilisateur qui a tenté de rationner. Souffrant de la désillusion que plus ils rationneront le porno, moins ils voudront en consommer. L'inverse est vrai, car moins ils regarderont de porno, plus ils souffriront des effets de manque et plus ils apprécieront le moment où ils relâcheront l'élastique et nourriront le petit monstre. Toutefois, ils remarqueront que leur catégorie favorite ne leur plait pas autant qu'avant. Mais cela ne les arrêtera pas, si les sites de vidéos X n'étaient dédiés qu'a un seul start ou une seule catégorie, aucun utilisateur ne les visiterais plus d'une fois chacun.
Difficile à croire? Quel est le pire moment de contrôle de soi que quelqu'un peut ressentir? Attendre quatre jours et après avoir un orgasme. Ensuite, quel est le moment le plus précieux pour un utilisateur qui suit un "régime de porno"? C'est exact, le même orgasme après avoir attendu quatre jours! Croyez-vous vraiment que vous vous masturbez pour apprécier un orgasme, ou l'explication la plus rationnelle est que vous avez besoin de supprimer les effets du manque sous l'illusion que vous en avez besoin?

Détruire le lavage de cerveau est essentiel pour supprimer les illusions liées à la pornographie avant que vous ne puissiez avoir cette ultime session précédant votre liberté. À moins que vous n'ayez supprimé l'illusion que vous appréciez cela avant que vous ne fermiez la fenêtre, il n'y a aucune façon de le prouver par la suite sans redevenir accro. Quand vous passez en revue vos sites enregistrés et vos images sauvegardées, demandez-vous où se trouvent le plaisir et la gloire là-dedans. Peut-être croyez-vous que seules certaines vidéos soient de bon goût. Si c'est le cas, pourquoi perdre votre temps à regarder des vidéos d'autres catégories? Parce que vous en avez l'habitude? Pourquoi quelqu'un prendrait-il donc l'habitude de faire le bazar dans son cerveau et de se ruiner soi-même? Rien n'est différent après un mois, pourquoi une vidéo porno serait-elle différente?

Vous pouvez tester cela par vous-même, trouvez cette vidéo incroyable pour prouver que c'est différent. Ensuite, mettez-vous un rappel pour regarder cette même vidéo un mois sans porno plus tard. Vous aurez presque entièrement les mêmes sensations que le mois dernier. Ce même clip sera différent après un événement social ou vous êtes mis à l'écart ou testé par un partenaire potentiel. La raison étant que l'addict ne peut jamais être vraiment heureux si le petit monstre n'est pas satisfait.

Rationner ne fonctionne non seulement pas, mais est aussi la pire forme de torture. Ça ne fonctionne pas car au départ l'utilisateur espère qu'en réduisant leurs escapades habituelles ils auront de moins en moins envie de regarder du porno. Ce n'est pas une habitude, c'est une addiction. La nature de toute addiction est de vouloir toujours plus, pas de moins en moins. Donc, pour pouvoir se tenir au rationnement, l'utilisateur doit faire un usage excessif de volonté et de discipline pour le restant de ses jours. Arrêter complètement est donc bien plus simple et moins douloureux, il y a littéralement des dizaines de milliers de cas où le rationnement a échoué.

Le problème d'arrêter n'est pas l'addiction à la dopamine, qui est assez facile à supporter. C'est la fausse croyance que le porno vous donne du plaisir, croyance apportée par le lavage de cerveau déjà appliqué avant même que l'on ne soit tombé dedans pour la première fois, ce qui renforcera invariablement la future addiction. Tout ce que le rationnement fait est de renforcer cette idée, jusqu'au point où le porno domine leurs vies entièrement et les convaincs que la chose la plus précieuse sur Terre est leur addiction.

Le nombre très réduit de cas ayant réussi ont eu lieu via une période relativement faible de rationnement, suivi par le phénomène de la "flatline". Ces utilisateurs ont arrêté malgré le rationnement, pas à cause du rationnement. Tout ce que ça leur aura apporté étant de prolonger leur agonie, les essais échoués rendant les utilisateurs nerveux et encore plus convaincus qu'ils sont accros pour la vie. C'est généralement assez pour les faire revenir à leur rythme habituel de consultation du harem en ligne pour le plaisir et le soulagement, ou autre chose encore, tout cela avant le prochain essai, et ainsi de suite... Cependant, le rationnement permet d'illustrer la futilité du porno, illustrant clairement que visiter le harem n'est pas appréciable après une période d'abstinence. Il faudrait vous cogner la tête contre un mur de briques (souffrir des effets du manque) pour que cela vous fasse du bien au moment où vous vous arrêtez. En conclusion, les choix disponibles sont :

1. Rationner à vie et souffrir d'une torture auto-imposée, ce que vous n'arriverez de toute façon pas à faire.
2. Vous torturer de plus en plus dans votre vie, ce qui est inutile.
3. Vous faire la meilleure des faveurs, et supprimer le porno définitivement.

L'autre aspect que le rationnement démontre est qu'il n'existe dans aucunes déclinaisons quelque chose comme une "session spéciale" ou une "visite occasionnelle". Le porno est une réaction en chaîne qui restera pour toute votre vie à moins que vous ne fassiez un effort positif pour détruire cette réaction.
Rappelez-vous : Le rationnement ne vous causera que des ennuis.

13 - Juste une petite dose

"Juste une petite dose" est un mensonge qu'il faut effacer de votre esprit pour de bon.
- C'est "juste une petite dose" qui nous a fait commencer au tout début.
- C'est "juste une petite dose" pour nous soulager pendant un moment difficile qui défait la majorité de nos tentatives pour quitter.
- C'est "juste une petite dose" qui, après avoir réussi à détruire l'addiction, nous fait replonger dans le piège. Parfois il s'agit juste de confirmer que nous n'avons plus besoin du porno, et une simple visite aura cet exact effet.

Les effets secondaires du porno seront horribles et convaincront l'utilisateur qu'ils ne seront plus jamais addicts, mais en vérité ils le sont déjà. L'utilisateur pense que quelque chose le rendant si misérable et coupable n'aurait pas dû le pousser à le faire, mais pourtant, il l'a fait.
C'est l'idée d'une "session spéciale" qui empêche souvent les utilisateurs d'arrêter. Celle après une longue conférence, celle après une longue journée de travail, celle après une dispute avec sa famille, ou un incident dans sa vie de couple. Gravez-le **profondément** dans votre esprit qu'il n'existe rien qui soit "juste une dose". C'est une réaction en chaîne qui restera toute votre vie, sauf si vous la brisez. Le mythe subsistant sur l'occasion spéciale et irrégulière pousse les utilisateurs à se morfondre après l'arrêt. Prenez dès maintenant l'habitude de ne plus jamais entrevoir l'idée d'une "session exceptionnelle", c'est une fantaisie. À chaque fois que vous pensez à la pornographie, pensez à une vie immonde passée derrière un écran pour le privilège de vous détruire mentalement et physiquement, une vie d'esclavage et une vie sans espoir. Ce n'est pas un crime si vos érections sont aléatoires, mais ça l'est quand vous pourriez être plus

heureux sur le long terme mais avez choisi à la place de tout sacrifier pour une dose de "plaisir" à court terme.

Ce n'est pas grave si nous ne trouvons pas tout le temps quelque chose à faire pour combler "le vide", ce n'est de toute façon pas possible dans aucunes facettes de vies. On peut en planifier la grande partie, mais parfois les choses se passent de façon imprévisible et spontanée. Les mauvais et bons moments auront lieu, indépendamment du porno. Mais gardez bien cela en tête : le porno ne vous aidera pas. Vous êtes coincés avec soit une vie de misère, soit pas du tout, il ne vous viendrait pas à l'esprit de consommer du cyanure juste parce que vous aimez le goût des amandes, donc arrêtez de vous auto-flageller avec la session "sans prise de tête". Demandez à un utilisateur *"Si vous pouviez revenir en arrière avant que vous ne soyez addict, le redeviendriez-vous?"*. La réponse sera évidente *"Bien sûr que non!"*. Pourtant chaque utilisateur peut faire ce choix chaque jour de sa vie, pourquoi ne le font-ils pas? La réponse est la peur. La peur qu'ils ne puissent pas réussir à arrêter où que leur vie ne sera simplement pas la même sans le porno.
Ne vous racontez pas d'histoires! Vous pouvez le faire, tout le monde le peut. C'est ridiculement facile, mais pour que tout cela fonctionne, il faut connaître et comprendre certains fondamentaux.

>Il n'y a rien à abandonner, seulement des gains positifs à atteindre. Ne jamais vous convaincre de faire cette "session exceptionnelle". Elle n'existe PAS. Il n'y a qu'une vie de misère et d'esclavage derrière.

>Vous n'avez rien de différent avec ceux qui ont réussi à arrêter, et tout le monde peut arrêter avec une facilité déconcertante.

Beaucoup d'addicts croient qu'ils sont des accros confirmés, ou qu'ils ont des personnalités plus sujettes aux addictions que le reste de la population. Cela arrive souvent après avoir lu de trop hautes quantités de rapports sur la neuroscience. Rien de tout ça n'est vrai, personne ne naît avec le besoin de se masturber sur des vidéos pornographiques, jusqu'à ce qu'ils ne tombent dans l'addiction. C'est la drogue qui vous accroche à elle, pas la nature de votre personnalité. Le fonctionnement des stimuli supranormaux addictifs vous fait penser que tel est le cas. Cependant, il est essentiel de détruire ces croyances, car si vous croyez que vous êtes addict, vous le serez, même après que le petit monstre dans votre corps ne soit mort de faim. Il est essentiel de détruire ce lavage de cerveau.

14 - Les utilisateurs mesurés

Les gros utilisateurs ont tendance à envier les utilisateurs de porno occasionnels, nous avons tous rencontré ce genre de personne : *"Oh, je peux passer toute une semaine sans une session, ça ne me dérange pas vraiment."* Nous souhaitions être pareil. Ça peut être difficile à croire, mais aucun utilisateur n'est heureux d'en être un. N'oubliez pas :
Aucun utilisateur n'a jamais décidé d'en devenir un, occasionnel ou non, **par conséquent,**
Tous les utilisateurs se sentent stupides, **par conséquent,**
Tous les utilisateurs doivent se mentir à eux-mêmes et aux autres dans une vaine tentative de justifier leur stupidité.
Les fanas de golfs se vantent souvent de la régularité à laquelle ils jouent et veulent jouer, alors pourquoi les utilisateurs se vantent d'à quel point ils se masturbent peu ? S'il s'agit là du vrai critère, alors la vraie récompense n'est pas du tout la masturbation, n'est-ce pas ?
Si quelqu'un vous dit, *"Je peux tenir toute une semaine sans carottes et ça ne me dérange pas un instant."*, vous penserez que vous êtes en train de parler avec un cinglé. Si j'aimais les carottes, pourquoi je voudrais tenir une semaine sans ? Si je ne les aimais pas, pourquoi je ferais une telle déclaration ? Alors quand un utilisateur parle de survivre une semaine sans une session, il essaie de se convaincre lui-même - et vous - qu'il n'a pas de problème. Mais il n'aurait aucun besoin d'en parler s'il n'avait pas de problème. Cette déclaration se traduit donc par *"J'ai réussi à survivre une semaine entière sans porno."* Comme tout utilisateur, espérant qu'après ça il pourra survivre tout le reste de sa vie. Seulement capable de survivre une semaine, pouvez-vous imaginer à quel point la session suivante lui a été précieuse, s'étant senti privé pour une semaine entière ?
C'est pourquoi les utilisateurs occasionnels sont en réalité plus accros que les gros utilisateurs, non seulement l'illusion du plaisir est plus grande, mais ils sont moins motivés à arrêter car ils passent moins de temps et sont donc moins vulnérables aux risques pour la santé. Occasionnellement, ils peuvent expérimenter des dysfonctions

sexuelles, mais ne sont pas sûr de ce qui les causent et les blâment alors sur d'autres facteurs. Souvenez-vous, le seul plaisir que les utilisateurs trouvent est dans le cycle de recherche de dopamine et le soulagement du manque, comme déjà expliqué. Le plaisir est une illusion, voyez le petit monstre du porno comme une démangeaison presque imperceptible dont nous restons inconscients la plupart du temps.

Si vous avez une démangeaison permanente, la réaction naturelle est de la gratter.
Alors que les circuits de récompense deviennent de plus en plus immunisés à la dopamine et aux opioïdes, la réaction naturelle est l'edging, l'escalade et l'enchaînement des contenus, la recherche de nouveauté et de contenus choquants, etc. Il y a quatre facteurs principaux qui empêchent les utilisateurs de regarder du porno à la chaîne.
Le temps. La plupart ne peuvent pas se le permettre.
La santé. Pour soulager la démangeaison, nous devons consommer tout le contenu gratuit à disposition et plus encore. La capacité de gérer ce genre d'enchaînement varie d'un individu à l'autre, et à des moments et situations différentes dans leurs vies. Cela agit comme une restriction automatique.
La discipline. Imposé par la société ou le travail de l'utilisateur, ses amis et proches; peut-être même par l'utilisateur lui-même comme conséquence de la lutte naturelle dans l'esprit de chaque utilisateur.
L'imagination. Le manque d'imagination diminue l'impact, la nouveauté, et d'autres aspects de la vidéo d'une manière subjective.
Il est facile de voir les utilisateurs "non-occasionnels" comme faible, incapable de comprendre pourquoi les autres peuvent limiter leur "consommation". Cependant, les gros utilisateurs devraient garder à l'esprit que la plupart des utilisateurs occasionnels sont tout simplement incapable d'enchaîner les visionnages, car cela requiert une très grande imagination et beaucoup d'endurance. Certains de ces utilisateurs qui visionnent du porno une fois par semaine et que les

gros utilisateurs ont tendance à envier sont physiquement incapable de faire plus, car leur boulot, la société, ou leur propre dégoût de finir accros ne leurs permettent pas.
Il serait avantageux de donner quelques définitions.

Le Non-utilisateur

Quelqu'un qui n'est jamais tombé dans le piège mais ne devrait pas être content de lui. Il est un non-utilisateur par pure chance ou par la grâce du destin. Tous les utilisateurs sont convaincus qu'ils ne deviendront jamais accros et quelques non utilisateurs continuent d'expérimenter via des sessions occasionnelles.

L'Utilisateur Occasionnel

Duquel il y a deux classifications de base:
1. L'utilisateur qui est tombé dans le piège mais ne le réalise pas - n'enviez pas de tels utilisateurs. Ils goûtent simplement au nectar au bord de la plante carnivore et seront selon toute probabilité bientôt de gros utilisateurs. Souvenez-vous, tout comme tous les alcooliques étaient au début des buveurs occasionnels, tous les utilisateurs ont commencé de façon épisodique.
2. L'utilisateur qui était précédemment un gros utilisateur, et qui pense qu'il ne peut pas arrêter. Ces utilisateurs sont les plus déplorables de tous et tombent dans différentes catégories, demandant chacune une description séparée.

L'Utilisateur "d'Une Fois par Jour"

S'ils apprécient leur droit à l'orgasme, pourquoi utiliser le porno en ligne seulement une fois par jour ? Si c'est à prendre ou à laisser, pourquoi se faire du mal ? Souvenez-vous, "l'habitude" est - en réalité

- de se cogner la tête contre un mur pour se sentir apaisé en s'arrêtant. L'utilisateur "d'une fois par jour" soulage les effets du manque moins d'une heure chaque jour. Bien que fait inconsciemment, le reste de leur journée se passe en se cognant la tête contre ce mur, et ce pendant la plus grande partie de leur vie. Ils utilisent le porno une fois par jour car ils ne peuvent risquer d'être surpris, ou de toucher à leur santé neurologique. C'est facile de convaincre le gros utilisateur qu'il n'apprécie pas ce qu'il fait, mais il est bien plus difficile de convaincre un utilisateur occasionnel. Quiconque ayant fait une tentative de rationnement saura que c'est la pire des tortures, et qui garantit presque de vous garder dépendant pour le reste de votre vie.

L'Utilisateur Rejeté

Ils demandent leur droit à l'orgasme tous les jours, mais leur partenaire sexuel ne veut pas toujours répondre à leurs demandes. Initialement, ils utilisent le porno en ligne pour remplir ce vide, mais en prenant l'excitant "toboggan" ils finissent piégés dans un cycle de nouveauté, de choc, d'images supranormales, etc. En fait, ils sont contents du rejet de leur partenaire puisque ça leur donne une sorte d'excuse. Si le porno en ligne vous aide tant, pourquoi s'embêter avec un partenaire ? Libérez-les plutôt. Ils ne prennent aucun plaisir dans leurs sessions quand ils doivent "supporter" leur partenaire dans leur esprit. Passé un certain point, ils veulent que leur vrai partenaire leur donne une excuse pour s'aventurer dans ces sombres coins d'internet.

L'Utilisateur au "Régime de Porno"

Également connu comme, *"Je peux m'arrêter quand je veux. Je l'ai fait des milliers de fois !"*

S'ils pensent qu'un "régime" va les aider à être motivé à trouver un partenaire, pourquoi font-ils un rationnement d'une fois tous les quatre jours ? Personne ne peut prédire le futur, et si le hasard des rencontres arrivait une heure après la session prévue ? Et si l'occasionnel "lustrage de tuyau" est bon pour relâcher la tension, pourquoi ne pas le faire tous les jours ? Il a été prouvé que la masturbation n'est pas nécessaire pour garder les organes génitaux en bonne santé et que le porno en ligne n'est pas nécessaire du tout. Même si c'était le cas, aucun "gourou" coach en séduction qui est renseigné sur les dégâts neurologiques ne recommandera de regarder du porno induisant des stimuli supranormaux. La vérité est qu'ils sont toujours accros. Même s'ils se sont débarrassés de l'addiction physiologique, ils sont toujours soumis au problème fondamental du lavage de cerveau. Ils espèrent à chaque fois qu'ils s'arrêteront pour de bon, mais très vite retombent dans le même piège encore une fois.

En fait, la plupart des utilisateurs envient ces utilisateurs "au régime" et pensent à quel point ils sont "chanceux" d'être capable de contrôler leur utilisation. Cependant, ils oublient que les utilisateurs "au régime" ne contrôlent pas leur utilisation - quand ils sont en train d'utiliser du porno, ils aimeraient ne pas l'être. Ils traversent les difficultés de l'arrêt, se sentent alors privés et tombent dans le piège à nouveau, en souhaitant que ça n'ait pas été le cas. Ils ont tous les inconvénients sans les avantages. Si vous y pensez, c'est aussi vrai dans la vie des utilisateurs quand ils peuvent avoir une session - la prenant comme acquise ou en souhaitant ne pas l'avoir eu. Le syndrome du "fruit défendu" est l'un des affreux dilemmes des utilisateurs. Ils ne peuvent jamais gagner car ils se morfondent pour un mythe, une illusion. Il n'y qu'une seule façon de gagner, arrêter de se morfondre en arrêtant le porno !

L'Utilisateur "Je Regarde Seulement des Photos/de l'Erotique/du Porno Amateur"

Oui, tout le monde fait ça au début, mais n'est-ce pas incroyable à quel point la valeur moyenne de l'impact procuré par ces contenus semble augmenter rapidement, et avant même de s'en rendre compte nous

nous sentons privés (dû à la tolérance) ? La nouveauté est manquante avec les photos, alors nous assumons les conséquences avec un peu de graissage et nous descendons le toboggan vers la rancœur et la culpabilité. La pire chose à faire est d'utiliser les photos de votre partenaire (avec son consentement, bien sûr) pour se masturber. Pourquoi ? Car durant ce processus vous reprogrammer votre cerveau pour la recherche et la variété des contenus déclenchant des afflux de dopamine. Chimiquement, le toboggan du porno dans le cerveau est la DeltaFosB qui s'accumule, alors vous vous retrouverez à avoir des difficultés une fois en face de votre partenaire.

Un autre piège dans cette catégorie est le porno "amateur" et "fait-maison". La plupart ne le sont pas et vous le savez, de plus vous n'allez pas vous arrêter sur le premier que vous voyez, continuant plutôt la recherche de contenus. Souvenez-vous, le cerveau ne recherche pas seulement l'orgasme, mais la nouveauté de la chasse qui donne au toboggan son frisson. Le contenu du porno n'est pas le problème - qu'il soit amateur ou professionnel - c'est l'afflux de dopamine dans le cerveau qui cause l'accumulation de la tolérance et la satiété. Le porno détruit les opérations normales du cerveau, la masturbation déroutant la réponse muscle cerveau; l'orgasme inondant le cerveau d'opioïdes et rendant la voie neuronale plus facile à suivre pour la prochaine fois.

L'Utilisateur "J'ai Arrêté Mais J'ai une Dose Occasionnel"

Dans un sens, ces utilisateurs sont les plus pathétiques de tous. Soit ils vivent toute leurs vies en croyant se priver, ou plus souvent, leurs doses occasionnelles se multiplient. Glissant doucement dans la pente descendante, tôt ou tard ils redeviennent de gros utilisateurs. Ils sont de nouveau tombés dans le piège qui les avait déjà trompés autrefois. Il y a deux autres catégories d'utilisateurs occasionnels. La première est ceux qui se masturbent sur des photos ou vidéos de la dernière sextape d'une célébrité qui fait l'actualité, ou quelque chose qu'ils ont "gardé en tête" jusqu'à chez eux après l'avoir vu "accidentellement" à l'école ou au travail. Ces personnes sont en réalité des non-utilisateurs, mais ils ont l'impression de passer à côté de quelque chose. Ils veulent participer, et la plupart d'entre nous commencent ainsi. La prochaine fois, notez qu'après un certain temps la célébrité de vos rêves ne suffit plus. Plus la cible de votre fantasme est "inatteignable", plus la sensation de manque de l'orgasme est frustrante.

La deuxième catégorie a récemment gagné de plus en plus d'attention, on la décrira le mieux en exposant un cas partagé sur internet.
Une femme a lu des histoires pornographiques sur internet pendant de nombreuses années et n'a jamais utilisé plus d'une histoire chaque nuit. Entre parenthèse, il s'agissait d'une femme dotée d'une très grande volonté. La plupart des utilisateurs se demanderaient pourquoi elle voulait arrêter en premier lieu - pointant volontiers qu'elle ne risquait aucun problème d'érection, ni d'éjaculation précoce (faux). Elle n'utilisait même pas d'images fixes, ces histoires étant bien moins choquantes que n'importe quel contenu qu'ils utilisent eux-mêmes quotidiennement.

Ils font l'erreur de voir les utilisateurs occasionnels comme plus heureux et ayant un plus grand contrôle de leur utilisation. Ils ont peut-être un meilleur contrôle, mais ne sont certainement pas plus heureux. Dans le cas de cette femme, elle n'était pas satisfaite avec de vraies relations sexuelles ni avec son partenaire, et très irritable quand elles devaient gérer la pression et le stress quotidien. Son compagnon était incapable de comprendre ce qui la troublait. Même si elle s'est convaincue de ne pas être effrayé par son utilisation en rationalisant, elle se trouvait toujours incapable d'apprécier de réelles relations qui contiennent invariablement des hauts et des bas. Le système de récompense de son cerveau ne pouvait plus utiliser les déstressant normaux présents dans la vie de tous les jours à cause de l'inondation quotidienne de dopamine. La réduction de ses récepteurs résultant de ces inondations l'a rendu morose en toute circonstance. Comme beaucoup, elle avait une grande peur de la face cachée de la pornographie et de son traitement des femmes - avant sa première fois. Finalement, elle fut soumise au lavage de cerveau sociétal et essaya son premier site. Contrairement à la plupart qui capitulent et deviennent de gros utilisateurs - en voyant l'odieuse violence de ces vidéos, elle résista à la glissade vers le toboggan.

Tout ce que vous appréciez dans le porno est de soulager l'envie qui a commencé avant, soit le presque imperceptible désir physique, soit la torture mentale de ne pas être autorisé à gratter la démangeaison. Le porno en ligne est en lui-même un poison, c'est pourquoi vous êtes seulement dans l'illusion de l'apprécier après des périodes d'abstinence. Comme avec la faim ou la soif, plus vous en souffrez, plus grand sera le plaisir quand elle sera finalement soulagée. Faisant l'erreur de croire que le porno est une simple habitude, ils pensent: *"Si je peux le garder à un certain niveau ou seulement pour des occasions spéciales, mon cerveau et mon corps l'accepteront. Puis je pourrai continuer à l'utiliser à ce niveau ou réduire un peu plus si je le souhaite."*
Rendez cela bien clair dans votre esprit, "l'habitude" n'existe pas. Le porno est une addiction à la drogue, la tendance naturelle étant de soulager les effets du manque, pas de les supporter. Pour rester au niveau auquel vous êtes, cela demandera une énorme discipline et volonté pour le reste de votre vie; puisque le système de récompense de votre cerveau devient de plus en plus immunisé à la dopamine et aux opioïdes, votre cerveau en demande de plus en plus, pas de moins en moins.
Alors que le porno détruit progressivement votre système nerveux, votre courage, votre confiance en vous et la maîtrise de vos pulsions, vous devenez de plus en plus incapable de résister à la réduction des intervalles entre chaque session. C'est pourquoi dans les premiers jours, c'est à prendre ou à laisser. Si nous voyons que quelque chose ne va pas, que ce soit mentalement ou physiquement, nous arrêtons,

tout simplement. N'enviez pas cette femme, quand vous consommez du porno seulement une fois toutes les 24 heures cela semble être la chose la plus précieuse sur terre, le transformant en "fruit défendu". Cette pauvre femme, pendant de nombreuses années, a été coincé en plein milieu d'une guerre sans merci.

Incapable de stopper son utilisation, tout en étant effrayée d'une escalade vers les vidéos pornographiques. Pendant 23 heures et 10 minutes chaque jour, elle devait combattre la tentation et son manque de sentiments envers son petit-ami. Faire ce qu'elle a fait lui a demandé une énorme volonté, la faisant au final tomber en larmes. De tels cas sont rares, mais pensez-y logiquement : soit il y un vrai soutien ou plaisir dans le porno soit il n'y en a pas. S'il y en a, qui veut attendre une heure, un jour ou même une semaine ? Pourquoi devriez-vous vous privé de votre soutien ou de votre plaisir pendant cet intervalle ? S'il n'y a aucun réel soutien ou plaisir, pourquoi perdre son temps en allant voir son harem en ligne ?

Voici un autre cas d'un homme qui utilisait du porno une fois tous les quatre jours, décrivant sa vie ainsi :

"J'ai quarante ans, j'ai souffert de troubles érectiles avec de vraies femmes et même en utilisant du porno, soit la plupart du temps. Ça fait longtemps que je n'ai pas eu une érection complète. Avant de commencer ce régime de porno une fois tous les quatre jours, je m'endormis sais profondément après ma session. Maintenant je me réveille à chaque heure de la nuit et c'est la seule chose à laquelle je pense. Même endormi, je rêve de mes vidéos favorites. Les jours après ma session prévue, je me sens assez déprimé, le régime prenant toute mon énergie. Ma compagne me laisse seul car je suis de mauvaise humeur, et si elle ne peut pas partir alors elle ne veut pas de moi à la maison. Je pars faire du jogging dehors mais je suis obsédé par la pornographie.

Le jour prévu je commence à planifier plus tôt dans la nuit, étant très irrité si quelque chose contrarie mes plans. Je me retire des conversations et renonce (seulement pour le regretter plus tard) au travail et à la maison. Je ne suis pas du genre à trop argumenter, mais je ne veux pas que le sujet ou la conversation me retiennent. Je me rappelle de fois où je me lançais dans des disputes idiotes avec ma compagne. J'attends qu'il soit 10 heures et quand il est temps mes mains tremblent de façon incontrôlable. Je ne commence pas immédiatement - puisqu'il y a de nouvelles vidéos qui ont été ajoutées - et je "fais du shopping". Mon esprit me répète que puisque je me suis affamé pendant quatre jours je mérite une vidéo "spéciale" qui vaut le temps passé à la chercher. Finalement, j'en choisis une ou deux, mais je veux que ça dure pour que je puisse "survivre" pour les quatre prochains jours, alors je prends plus de temps pour finir le travail."

En plus de ses autres problèmes, ce pauvre homme ne sait pas qu'il se soigne avec du poison. Tout d'abord, il souffre du "syndrome du fruit défendu" puis il force son cerveau à éliminer la dopamine. De fait, ses récepteurs de dopamine ne sont pas aussi réduits que ceux d'un gros utilisateur, mais il graisse le toboggan, naviguant et cherchant pour pouvoir faire de l'edging, pour trouver de la nouveauté, de la variété, des contenus choquants et de l'anxiété pour pouvoir survivre les quatre prochains jours. Vous voyez sûrement cet homme comme un pitoyable imbécile, mais ce n'est pas le cas. En tant qu'ancien athlète devenu ex-sergent dans la marine, il ne voulait pas être addict à quoi que ce soit. Cependant, en revenant de la guerre il s'est formé comme technicien informatique dans un programme de réhabilitation des vétérans.

En entrant dans le milieu du travail civil, il était un technicien informatique professionnel dans une banque, avec un bon salaire, et on lui donna un ordinateur pour qu'il l'emporte chez lui. C'était

l'année ou de célèbres personnalités ont vu leurs vidéos pornographiques "fuitées" et le sujet fut très médiatisé. Il devint alors accro, passant le reste de sa vie en payant le prix fort et se détruisant physiquement et mentalement. S'il était un animal, il y a longtemps que la société aurait abrégé ses souffrances, et pourtant nous autorisons toujours de jeunes adolescents en bonne santé physique et mentale à devenir accros. Vous pensez peut-être que ce cas et ces comparaisons sont exagérées, mais ce cas - bien qu'extrême - est loin d'être unique. Il y a des dizaines de milliers d'histoires similaires. Pouvez-vous savoir que beaucoup de ses amis et connaissances l'enviaient pour n'utiliser du porno qu'une fois tous les quatre jours ? Si vous pensez que ça ne pourrait pas vous arriver, **arrêtez de vous faire des illusions.**
ÇA VOUS ARRIVE DÉJÀ.

Comme les autres addicts, les utilisateurs de porno sont des menteurs notoires, même envers eux-mêmes. Ils doivent l'être. La plupart des utilisateurs cèdent bien plus souvent et en bien plus d'occasions qu'ils ne veulent bien l'admettre. Beaucoup de conversations avec des utilisateurs se limitant à deux fois par semaine les verront admettre qu'il l'on fait plus de trois ou quatre fois cette semaine. Lisez sur Reddit, NoFap et d'autres forums les histoires d'utilisateurs occasionnels en abstinence, et vous verrez qu'ils comptent les jours ou attendent d'échouer. Vous ne devez pas enviez ces utilisateurs occasionnels, vous n'avez pas besoin d'utiliser du porno non plus, la vie est infiniment plus douce sans. Prenez-le post qui suit :
"Ça a commencé avec un simple défi de ne pas toucher mon bazar pour un jour et d'en être incapable. Je ne pense plus à la masturbation désormais, ça ne me traverse pas l'esprit. C'est possible, je vous le promets. Les bénéfices qui attendent ceux qui le peuvent - ils sont incroyables."

Les adolescents sont généralement plus difficiles à guérir, non pas car ils trouvent plus difficile d'arrêter, mais car ils ne se pensent pas accros ou aux premiers stades du piège. Étant en général sous l'illusion qu'ils auront stoppé automatiquement avant le deuxième stade.

Les parents des enfants qui détestent le porno en ligne ne devraient pas avoir une fausse impression de sécurité. Tous les enfants détestent les mauvais côtés du porno avant de devenir accros. A un certain moment, c'était également votre cas. Ne vous faites pas non plus avoir par les campagnes de prévention par la peur, le piège n'a pas changé. Les enfants savent que le porno en ligne est un stimulus supranormal, mais savent aussi qu'une "visite" ou "dose" ne suffira pas. A un moment ils peuvent être influencés par leur partenaire, un camarade de classe, ou un collègue de travail.

S'il vous plaît, ne devenez pas complaisant dans cette affaire. L'échec de la société à empêcher les adolescents de devenir dépendants au porno en ligne et aux autres drogues est peut-être la plus perturbante facette de cette addiction. Le cerveau des adolescents est bien plus malléable, et il est nécessaire de les éduquer et les protéger. Si vous ne savez pas où commencer, une bonne référence est le livre YourBrainOnPorn pour s'éduquer sur les neurosciences. Même si vous suspectez que votre adolescent soit déjà accro, le livre procure une compréhension fondamentale pour aider quelqu'un à y échapper. Je recommande ce livre !

15 – L'utilisateur YouTube / Twitch / Instagram

Cet utilisateur doit être regroupé avec les utilisateurs occasionnels, mais les effets sont tellement insidieux qu'ils méritent un chapitre séparé. Cela mène à la destruction du contrôle de soi, ce qui a failli causer un craquage mental à un utilisateur du forum NoFap :

"J'étais trois semaines dans une de mes tentatives échouées d'arrêter, ces essais ont été motivés par les inquiétudes de ma femme concernant mes troubles érectiles et le manque d'intérêt que je lui portais. Je lui disais que ce n'était pas à cause d'elle, que c'était la faute de la pression au travail. Elle disait "Je sais que tu as déjà supporté la pression du travail auparavant, mais comment le vivrais-tu si tu étais moi et que tu devais regarder quelqu'un que tu aimes se détruire lui-même systématiquement?" C'était un argument que j'ai trouvé difficile à ne pas considérer, d'où mes tentatives. Elle sait que je ne la trompe pas, mais c'est en quelque sorte pire que cela. Cet essai a échoué après trois semaines, culminant en une dispute avec un vieil ami, je me sentais justifié à ce moment-là mais je n'ai pas pensé à une coïncidence après coup étant donné que je ne me suis jamais emporté avec cet ami, et que ça n'a plus eu lieu depuis. C'était clairement le petit monstre qui parlait ce jour-là.

Malgré tout, j'avais mon excuse. J'avais désespérément besoin d'un relaxant et la méthode importait peu. Ma femme n'était pas dans l'humeur et j'avais donc le sentiment que l'on me devait quelque chose, je me suis donc convaincu que ce serait OK si je me "limitais" à des vidéos YouTube plutôt qu'a du porno. Mais ma femme est revenue à la charge dans le lit le soir et voulait de moi, mais j'étais fatigué, et sans ma "puissance de feu", j'ai inventé des maux de tête. Je n'arrivais pas à imaginer la déception que cela pouvait être pour ma femme. Puis je suis graduellement revenu à mes travers, YouTube étant devenu ma nouvelle destination pour trouver mon harem. Je me rappelle avoir été assez satisfait à l'époque, pensant qu'au moins cela pouvait couper ma consommation. Au final, ma femme m'a accusé de continuer à l'ignorer au lit, je ne l'avais tout simplement pas réalisé. Elle me décrivait ces moments où je causais une dispute pour me permettre de quitter la maison. À d'autres moments, prendre deux heures pour faire une course rapide et inventer des problèmes de temps. Je créais de mauvaises excuses pour ne pas à avoir à la satisfaire, donc quand j'ai en plus un harem à ma disposition c'est bien plus difficile."

La pire chose avec l'utilisateur YouTube est qu'il pense toujours qu'on le prive de quelque chose. Simultanément, cela cause de grandes pertes en respect de soi ; une personne pourtant honnête se forçant à décevoir sa partenaire. Cela vous est peut-être déjà arrivé, ou vous arrive actuellement sous une certaine forme.

Les problèmes rencontrés avec des sites comme Twitch, Instagram, Tiktok, Twitter (et la majorité des réseaux sociaux) sont causés par la supplémentation. Poussés par la recherche de la nouveauté et le manque de dopamine, ils s'auto-piègent en croyant se trouver sur un site "safe". Rappelez-vous : le "plaisir" est dans la chasse, non pas l'abattage, et le petit monstre se moque de connaître l'origine de sa nourriture. Pour l'utilisateur, le contenu "léger" qu'ils trouvent dans leurs réseaux sociaux divers leur donne un soulagement des effets de manque, les gardant accros en attendant leur prochaine visite.

Le modèle présenté dans l'image/la vidéo est certes attrayante, et si vous l'aviez à côté de vous maintenant elle pourrait surement vous donner du plaisir, mais l'image ne le peut pas... Ce n'est pas réel. Votre cerveau est trompé comme un taureau fonçant dans une cape rouge, et après ne comprends pas pourquoi il l'a fait. On pourrait imaginer ne regarder ces images que sans se masturber. Mais rappelez-vous que votre cerveau est accro à la nouveauté sans fin, et le petit monstre se moque de la provenance de sa nourriture. **C'est le même piège.**

Vous avez peut-être déjà regardé la série TV "Columbo", le thème de chaque épisode est similaire. Le méchant, souvent un riche homme d'affaires, a commis ce qu'il pense être le crime parfait, et sa confiance est décuplée lorsqu'il s'aperçoit que le détective discret et à l'air inoffensif Columbo est chargé de l'enquête. Columbo a cette pratique frustrante de fermer la porte après avoir fini son interrogation, ayant assuré au suspect qu'il est clair de tout soupçons. Mais juste avant que le regard satisfait n'ait disparu du visage du meurtrier, Columbo réapparaît en disant "Juste une dernière chose, que je suis sûr que vous pouvez expliquer…" Le suspect est en état de choc, et à partir de ce moment il sait que le détective va l'ouvrir comme une coquille d'œuf, morceau par morceau. La sympathie est désormais tournée vers le criminel, peu importe la gravité du crime commis.

Ces phénomènes sont similaires, la tension de ne pas être autorisé à traverser la ligne rouge pour obtenir sa dose de porno qu'ils pensent "mériter", et se demandent après ou le plaisir peut bien se trouver quand ils en ont fini. La peur de traverser la ligne, perdre le contrôle et retourner dans le lit, seulement pour être effrayé par le fait que votre partenaire a envie de sexe. Les vidéos YouTube « sûres » ne vous satisferont plus en raison de la désensibilisation, du manque de nouveauté et du fait qu'à un moment ou à un autre, vous saurez que vous allez de nouveau regarder du porno. L'humiliation finale et la honte se produisant alors quand ce fait devient une réalité, suivi par un retour immédiat aux visionnages en chaîne.
Quelle joie d'être un addict !

16 - Une habitude sociale?

Les raisons principales pour lesquelles nous devrions vouloir arrêter sont la santé du corps et de l'esprit. Mais nous n'avons pas réellement besoin de recherches scientifiques ou de connaissances en neurosciences pour savoir que le porno est addictif et peut potentiellement briser nos vies. Nos corps sont les objets les plus sophistiqués de la planète, et tous les consommateurs savent dès la première session que le stimulus peut être excessif et devenir toxique. La seule raison pour laquelle on pourrait s'investir dans le porno est la ressemblance de son fonctionnement avec notre programmation innée. Le porno est hautement accessible, gratuit et disponible 24h/24. Le porno était considéré inoffensif il y a un certain temps, mais à l'époque les images étaient statiques, et pour obtenir les vidéos il fallait se déplacer au magasin d'à côté pour acheter des cassettes ou des DVDs.

De nos jours, il est généralement considéré - même par les consommateurs eux-mêmes - que le porno est un stimulus anormal et est addictif. Dans l'ancien temps, l'homme fort n'admettait pas qu'il se masturbait et le mot "branleur" étant une insulte. Dans tous les clubs, pubs ou bars, la majorité des hommes serait fièrement prêt à amener une femme chez eux et avoir du vrai sexe. De nos jours, la position est totalement inversée pour l'addict au porno, il se rend compte qu'il ne ressent pas le besoin d'avoir une femme. En créant des groupes en ligne, il parle d'expérience, partage des stratégies et explore des options. L'homme fort moderne ne veut pas dépendre de drogues. A travers la révolution sociale, tous les consommateurs pensent sérieusement à arrêter le porno et la masturbation. Le consommateur moderne considère le porno comme une activité inutile et dangereuse.

La tendance la plus remarquable sur les forums est l'accentuation montante sur l'aspect anti-social du porno, les jours où un homme se

vantait de faire l'amour est doucement remplacé par la réalisation de l'esclavage du monstre pornographique.
La seule raison pour laquelle les gens continuent après avoir été au courant des dangers du porno est parce qu'ils ont échoué d'arrêter ou qu'ils ont trop peur d'essayer. Il y a un vaste intérêt sur le sujet, certains arrêtant le porn, la masturbation et l'orgasme (avec ou sans partenaire). Les pratiques qui séparent la partie tantrique et propagative du sexe comme la rétention séminale et le Karezza sont discutées et adoptées en masse. Beaucoup d'échecs mentionnées précédemment sont en réalité des prises de consciences, aidant donc les personnes qui les pratiquent. Une fois que vous commencez la voie du PMO, vous allez trouver ce qui s'applique le mieux à votre vie, il est encouragé de créer son propre plan par rapport aux orgasmes après avoir compris et pratiqué la séparation sexuelle. Peu importe votre route, vous allez trouver de la valeur dans le fait de limiter le nombre de fois où vous arrosez votre cerveau de dopamine et autres à travers vos orgasmes ; et vous n'allez plus jamais voir le porno, le sexe ou l'orgasme comme une béquille pour vos émotions.

De multiples communautés populaires en ligne sont dédiées à quitter non seulement le porno mais également la masturbation. Ces sites sont bénéfiques à ceux qui essaient de s'échapper mais beaucoup recommandent aux consommateurs d'utiliser leur volonté. La conséquence de l'obsession du score et autres mesures est l'apitoiement et le manque d'allégresse. La majorité du lavage de cerveau est toujours présent, et éventuellement quelqu'un craque et un effet domino prend place, les autres consommateurs se rendent comptent qu'ils ne sont pas seuls. Cependant, leurs efforts ne sont pas vains, ils prennent conscience de beaucoup de choses, quoiqu'avec beaucoup de mal car ils ferment leurs onglets mais pas le désir ni le besoin d'y retourner. EasyPeasy marche dans l'autre sens, détruisant le besoin et le désir avant de fermer l'onglet. Chaque jour, de plus en plus de consommateurs quittent le navire et ceux qui y restent sont terrifiés d'être les derniers.

NE LAISSEZ PAS ÇA VOUS ARRIVER !

17 - Le bon moment

En dehors du fait que cela ne vous fasse pas du bien et que maintenant est toujours le meilleur moment pour arrêter, savoir choisir le bon moment est important. La société traite l'addiction au porno comme une habitude légèrement dégoûtante qui ne vous fait pas de mal à votre santé. Cela est faux. C'est une addiction à la drogue, une maladie qui détruit vos relations sociales. La pire chose qui puisse arriver dans la vie de la majorité des utilisateurs est de devenir accro à cette terrible addiction. S'ils restent addicts, des choses horribles arrivent. Le timing est donc très important pour vous donner les moyens d'une véritable guérison.

Premièrement, identifiez les moments ou occasions ou le porno vous apparaît indispensable. Si vous travaillez dans un milieu stressant et l'utilisez comme un relaxant, choisissez une période de congés ou de calme au travail. Si vous utilisez le porno principalement durant des périodes d'ennui ou de relaxation, l'opposé s'applique également. De toute façon, prenez cet essai sérieusement et rendez-le comme la chose la plus importante de votre vie.

Regardez dans le futur proche pour une période de 3 semaines et essayez d'anticiper tout événement qui pourrait vous mener à échouer. Des occasions comme des voyages d'affaires, votre partenaire qui n'est pas en ville, etc... ne doivent pas vous inquiéter, en supposant que vous les ayez anticipés à l'avance et ne pensez pas que vous allez être privés de quoi que ce soit. N'essayez pas de rationner pendant ce temps-là, car cela créera l'illusion que se priver est une bonne chose. En vérité, ça vous aide de vous forcer à regarder le plus de porno possible auparavant. Quand vous aurez cette toute dernière session, soyez conscient de la déception due à la satiété, de vos attentes non satisfaites, des douleurs physiques éventuelles, des effets de manque, des changements d'humeur et de la mélancolie.

Pensez à comment tout sera merveilleux quand vous vous autoriserez à ne plus subir tout cela.

QUOI QUE VOUS FASSIEZ, NE TOMBEZ PAS DANS LE PIÈGE DE VOUS DIRE "PAS MAINTENANT, PLUS TARD" ET DE LE METTRE HORS DE VOTRE ESPRIT. TRAVAILLEZ VOTRE EMPLOI DU TEMPS MAINTENANT ET PRÉVOYEZ TOUT CE QUI AURAI BESOIN D'ÊTRE PRÉVU.

Rappelez-vous, *vous n'abandonnez rien du tout.* Au contraire, vous êtes sur le point de recevoir de merveilleux gains positifs.
Des années durant, la profession médicale a défini le porno comme inoffensif sans savoir la différence entre le porno statique et soft de leurs années révolues et les stimuli VR hardcore dernier cri d'aujourd'hui. Le problème est que, bien que chaque utilisateur consomme du porno pour soulager ses besoins en rushs de dopamine causés par ce même porno, ce n'est pas l'addiction à l'hormone qui rend l'utilisateur accro, mais bien le lavage de cerveau personnel qui résulte de l'addiction. Une personne intelligente tombera dans le même piège, mais seul un idiot continuera à tomber dans le même piège en boucle. Heureusement, la majorité des utilisateurs ne sont pas idiots, ils pensent seulement qu'ils le sont. Chaque utilisateur individuel a son propre lavage de cerveau privé. C'est pourquoi il semble y avoir tant de situations différentes pour une même addiction, ce qui ne sert en vérité qu'à épaissir les mystères.

Tandis que les bénéfices du livre original étaient de quitter la nicotine (l'une des drogues les plus rapides et addictives de l'histoire de l'humanité), il est agréable de constater que la philosophie sur laquelle le livre d'origine est basée s'applique également dans l'addiction à la pornographie. Le fait que je sache que chaque utilisateur peut non seulement trouver facile l'arrêt du porno, mais peut également apprécier la procédure, est non seulement inutile mais aussi frustrant à moins que l'utilisateur ne soit réellement prêt à le réaliser en comprenant tous les enjeux. Dans le livre original, Allen Carr explique son conseil controversé.

> *"Beaucoup de gens m'ont dit :"Vous dites "Continuez à fumer jusqu'à ce que vous ayez fini le livre" Cela rend le fumeur plus enclin à finir le livre le moins vite possible ou de ne pas le finir. En conséquence, vous devriez changer l'instruction." Cela peut paraître logique, mais je sais que si les instructions étaient "Quittez immédiatement", beaucoup de fumeurs ne commenceraient même pas à lire le livre en premier lieu. J'ai un fumeur qui m'a consulté durant les premiers jours. Il disait "J'ai du mal à requérir l'aide de quelqu'un, j'ai une forte volonté dans tous les autres aspects de ma vie, pourquoi tous ces fumeurs arrivent-ils à quitter avec juste de la volonté alors que j'ai besoin de venir vous voir? Je pense que je pourrais le faire tout seul, si seulement je pouvais fumer pendant la procédure."."*

Les diktats de la société imposent que l'arrêt de la cigarette soit perçu comme très difficile, donc de quoi est-ce qu'un fumeur a besoin quand la tâche est difficile? Notre petit ami, notre plaisir. Échapper à la cigarette semble être à double tranchant, non seulement la tâche est ardue, mais le soulagement sur lequel nous nous reposons d'habitude pour ces situations difficiles n'est plus disponible. Peut-être que la vraie beauté de cette méthode est que vous n'avez même pas besoin d'abandonner quoi que ce soit. Se débarrasser de toutes les peurs et les doutes initialement présents, pour qu'une fois que vous ayez fini votre ultime session, vous soyez déjà en train d'apprécier votre liberté.

En conséquence, ce livre gardera le même conseil intact. Peu importe le nombre de fois où il aura été dit que tout cela était facile et appréciable, il y aura une vaste majorité qui ne seront pas capables d'accepter dû au lavage de cerveau personnel sur la question de la difficulté d'une telle procédure.

"Le bon moment" est le seul chapitre qui m'a causé de remettre en question la méthode d'Allen Carr. "Si vos déclencheurs sont le stress du travail, c'est de choisir des vacances pour essayer." Ce n'est pas la façon la plus simple, ce serait plutôt de choisir ce que vous considérez comme le moment le plus difficile. Que ce soit le stress, les obligations sociales, la concentration ou l'ennui, une fois que vous aurez prouvé que vous êtes capable de supporter tout cela et d'apprécier la vie dans les pires situations, tout le reste sera appréciable. Mais si tel était le conseil, prendriez-vous le temps de faire un essai?

Voici une analogie, ma sœur et moi allons nager ensemble. Nous arrivons à la piscine en même temps mais nous finissons par ne presque pas nager ensemble. La raison étant qu'elle rentre un orteil à la fois, et qu'une demi-heure plus tard, elle nage. C'est de la torture lente, je sais à l'avance qu'à un certain moment, peu importe la température de l'eau, je vais devoir la braver pour nager. Donc j'ai appris à le faire de la façon la plus simple : je plonge directement dedans. Maintenant, imaginez si j'étais dans une position d'insister que si elle ne pouvait pas directement sauter dans piscine, qu'alors elle ne pourrait pas nager. Si c'était le cas, elle ne nagerait pas tout court. Vous voyez le problème?

Via différents retours, beaucoup d'utilisateurs ont utilisé le conseil original de timing pour reporter ce qu'ils pensent être le "jour maudit". Mes pensées suivantes étaient d'utiliser une technique similaire au chapitre des "avantages du porno", quelque chose comme *"Le timing est très important, et le prochain chapitre vous dira quel est le meilleur moment pour se lancer"* et le prochain chapitre aurait consisté en un immense *"MAINTENANT!!!"*. C'est en vérité le meilleur conseil, mais le prendriez-vous? Peut-être que l'aspect le plus subtil du piège est que lorsque nous avons du stress sérieux dans nos vies, ce n'est pas le moment pour arrêter, mais quand tout va bien, nous n'avons pas le désir d'arrêter quoi que ce soit. Pesez-vous les questions suivantes :

1. Quand vous êtes tombé dans le porno pour la première fois, avez-vous vraiment décidé que vous alliez continuer à en dépendre jusqu'à la fin de vos jours sans jamais pouvoir vous arrêter? **Bien sûr que non!**
2. Allez-vous continuer le reste de votre vie sans jamais pouvoir vous arrêter? **Bien sûr que non!**

Donc, quand allez-vous bien pouvoir quitter le porno? Demain? L'année prochaine? L'année d'après? Ne sont-elles pas les questions que vous vous posez depuis le début de votre addiction? Espérez-vous qu'un matin vous vous lèverez et ne serez simplement plus attiré par le porno? Arrêtez de vous vous bercer d'illusions, avec toute addiction vous devenez de plus en plus addict, pas moins. Allez-vous attendre jusqu'à ce que vous ne ressentiez que se lever du lit est plus difficile que de rester couché et de se masturber? Cela serait pour le moins inutile.

Le vrai piège est la croyance que maintenant n'est tout bonnement pas le bon moment : *ce sera toujours plus simple demain.* Nous croyons que vivons des vies stressantes, mais en réalité ce n'est majoritairement pas le cas. Le stress le plus naturel a été supprimé de nos vies. Quand nous quittons notre domicile nous n'avons pas la peur primaire d'être attaqué par des animaux sauvages (à moins que vous ne viviez au fin fond de la forêt, mais vous voyez quand même ce que je veux dire), beaucoup ne stressent pas de savoir d'où proviendra leur prochain repas, ou si un toit sera au-dessus de leurs têtes ce soir. Pensez à la vie d'un animal sauvage, chaque fois qu'un lapin sort de son terrier, il vit la guerre du Vietnam pour sa vie entière. Mais le lapin supporte tout ça, il sécrète de l'adrénaline et d'autres hormones, tout comme nous autres humains. La vérité est que les périodes les plus stressantes de toute vie, animale ou humaine, sont l'enfance et l'adolescence. Mais trois milliards d'années de sélection naturelle (*note du traducteur : en dépit des golems*) nous ont équipés pour supporter le stress, et beaucoup de personnes qui grandissent avec une enfance difficile vivent une vie tout à fait normale.

C'est très cliché de dire *"Si tu n'as pas la santé, alors tu n'as rien"* mais c'est parfaitement vrai. Quand vous vous sentez physiquement et mentalement fort, vous pouvez alors apprécier les bons moments et endurer les mauvais. Beaucoup confondent les responsabilités avec le stress, les responsabilités ne deviennent vraiment stressantes que lorsque l'on ne se sent pas assez fort pour les gérer. Ce qui détruit les gens n'est pas le stress, le travail ou l'âge, mais les béquilles mensongères illusoires vers lesquelles ils se tournent.

Voyez les choses de cette façon : vous avez déjà décidé que vous n'allez pas rester dans le piège pour le restant de vos jours. En conséquence, à un moment donné, que vous ne le trouviez difficile ou facile, vous allez devoir endurer la procédure de libération. Le porno n'est ni une habitude ni un plaisir, c'est une addiction et une maladie. Nous avons établi que, bien que cela ne soit pas facile de commencer demain, tout deviendra de pire en pire si rien n'est fait. Le moment pour quitter définitivement le porno est **MAINTENANT**, ou alors le moment le plus proche que vous pouvez vous permettre. Pensez juste à la vitesse avec laquelle chaque semaine de nos vies passe, c'est tout ce que cela implique. Pensez à comment il sera agréable d'apprécier le reste de votre vie sans toutes ces ombres maudites dressées derrière vous. Si vous suivez toutes les instructions, vous n'aurez même pas à attendre cinq jours ou trois semaines. Vous ne trouverez pas seulement facile de quitter la pornographie, **vous l'apprécierez !**

18 - Vais-je rater le fun?

Non ! Une fois que le petit monstre du porno est mort, votre corps arrête de demander de la dopamine, et le toboggan aquatique du porno commence à s'effacer à cause du manque de "lubrification", le lavage de cerveau restant disparaîtra assez rapidement. Non seulement allez-vous vous sentir mieux physiquement et mentalement pour affronter le stress et les difficultés, mais vous allez également apprécier beaucoup plus les bons moments.

Il y a seulement un danger, l'influence de ceux qui utilisent toujours le sexe comme plaisir et béquille. Souvent, dans nos vies "L'herbe est plus verte chez le voisin". Pourquoi dans le cas du porn - avec des désavantages énormes comparés aux "avantages" illusoires - l'ex-consommateur a tendance à envier ceux utilisant le sexe et la pornographie comme béquille ?

Avec tout ce lavage de cerveau dès l'enfance, il est facilement compréhensible que nous soyons tombés dans un piège. Pourquoi alors - après s'être rendu compte que le porno était un jeu truqué, et après avoir réussi à rejeter l'addiction - nous retombons dans le même piège ? C'est l'influence du lavage de cerveau créé par la société à propos du porno et du sexe, présentés comme normaux. L'ex consommateur a un serrement au cœur ! Le sentiment de vide anxieux d'être célibataire (ce qui n'est pas un crime de toute façon) cause un sentiment de détresse et les amène de nouveau vers le toboggan pornographique. C'est une curieuse anomalie, particulièrement si cette observation est considérée - non seulement chaque non-consommateur est heureux de l'être, mais chaque consommateur dans le monde, même avec leurs visions déformées et leur lavage de cerveau, souhaitent ne jamais avoir été addicts en premier lieu. Donc, pourquoi certains ex consommateurs les envie ?

1. *Juste un coup d'œil*. Rappelez-vous, ça n'existe pas. Arrêtez de voir l'action isolée et essayez de la regarder du point de vue du consommateur de porno. Vous les enviez peut-être, mais

ils ne sont pas fiers de leurs actions et vous envient. Si vous pouviez voir un consommateur dans l'action, ce serait le boost le plus puissant pour vous aider à arrêter. Remarquez la rapidité avec laquelle ils ouvrent et naviguent leurs onglets? en passant d'une section à l'autre, rapidement ennuyé d'un clip et courant au travers de la pléthore de genres disponibles cherchant à tout prix la nouveauté, le choc et l'anxiété. Remarquez particulièrement à quel point ces comportements paraissent automatique. Rappelez-vous - ils n'apprécient pas ce moment, c'est juste qu'ils ne peuvent apprécier la vie sans. Le lendemain, ils se réveillent avec une volonté affaiblie, sans énergie et avec des yeux fatigués, et ils devront continuer à s'étouffer à la première apparition de stress ou de difficulté. Ils font face à une vie de crasse, une santé mentale pauvre et une confiance tachée - une vie entière à se détruire avec des ombres de cauchemar au fond de leurs esprits. Et tout ça pour quoi ? Pour l'illusion que vous êtes en train de recevoir un quelconque plaisir ?

2. La seconde raison pour laquelle quelques ex-consommateurs ont des envies est parce que le consommateur fait quelque chose - se masturber par exemple - et l'ex-consommateur ne le fait pas, donc il se sent privé de quelque chose. Que ce soit clair, ce n'est pas l'ex-consommateur qui est privé, c'est le pauvre addict est privé de :

- Santé
- Energie
- Confiance
- Tranquillité d'esprit
- Courage
- Liberté
- Paix intérieure
- Amour propre

Sortez de l'habitude d'envier les consommateurs de porno et commencez à les voir tels qu'ils sont : misérables. Je sais qu'à une époque j'étais un des pires. C'est pourquoi vous lisez ce livre, parce que vous n'êtes pas de ceux qui ne peuvent pas faire face à leurs problèmes et continuent d'être dans le déni. Vous n'enviriez pas un addict à l'héroïne n'est-ce pas ? Comme toutes les addictions, la vôtre ne deviendra pas meilleure avec le temps. Chaque année, elle devient de pire en pire. Si vous n'appréciez pas le fait d'être un consommateur aujourd'hui, vous l'apprécierez encore moins demain. N'enviez pas les autres consommateurs, ayez pitié d'eux. Croyez-moi: **Ils ont besoin de votre pitié !**

19 - Puis-je séparer l'usage du monde réel?

Ce mythe est principalement propagé par les utilisateurs qui tentent d'arrêter via la méthode volonté, qui performent une gymnastique mentale remarquable en s'inventant une routine à la Dr. Jekyll & Mr. Hyde. *"Le porno est pour mon alter-ego et la romance de la vie réelle est pour mon moi relationnel."* Rien n'est plus éloigné de la vérité, le toboggan de la pornographie les DeltaFosB et les changements neurologiques vont submerger la romance de la vie réelle, la rendant moins désirable. Mr. Hyde va invariablement ignorer les décisions du pauvre Dr. Jekyll.

Si vous utilisez du porno internet, vous vous entraînez dans le rôle du voyeur, ou construisez le besoin de cliquer pour obtenir quelque chose de plus attirant au moindre défaut de dopamine. En résumé, la recherche continue pour *la* meilleure scène, pour un effet maximum. Additionnellement, vous irez peut-être vous masturber dans une mauvaise posture ou regarder votre téléphone dans le lit toute la nuit durant, finissant par désirer ces choses plutôt que les stimuli de la vie réelle. Le sexe est à l'opposé complet du harem en ligne, et ne peuvent être comparés. Les souvenirs créés quand vous étiez jeune sont puissants et resteront longtemps, donc détruire ces toboggans pornographiques et les recalculer pour en créer de nouveau est plus long. Cependant, ce n'est pas pour dire que cela est plus difficile.

Chaque fois que vous prenez le toboggan pornographique, vous le graissez, gardant les connexions nerveuses fraîches et prêtes à tirer. Quand vous vous garez prêt d'un restaurant de fast-food, la senteur de l'huile de friture submerge votre nez et la vente est déjà faite. D'une même façon, le toboggan pornographique dans votre cerveau est prêt pour vous aspirer et est ouvert 24h/24. Chaque stimulus ou déclencheur allume votre circuit de récompense avec la promesse du plaisir sexuel, sauf que ce n'est pas du sexe. Malgré tout, les cellules nerveuses solidifient ces associations avec l'excitation sexuelle en créant de nouvelles branches pour épaissir les connexions. Plus vous utilisez de porno, plus fortes seront les connexions nerveuses. Le résultat final sera que vous ressentirez le *besoin* d'être un voyeur, ayant besoin de cliquer pour du contenu toujours plus déviant et nouveau, ayant besoin du porno pour s'endormir, ou ayant besoin de chercher la scène parfaite pour terminer le boulot.

Comme avec n'importe quelle substance ou drogue comportementale, le corps crée une immunité et la drogue cesse de soulager les effets du manque complètement. Aussitôt que l'utilisateur de porno termine une session, ils en veulent une nouvelle le plus vite possible, la faim permanente restant non satisfaite. L'inclinaison naturelle étant l'escalade jusqu'à obtenir ce rush de dopamine. Cependant, beaucoup d'utilisateurs sont empêchés de faire cela pour l'une ou les deux des raisons suivantes :
L'argent : Ils ne peuvent pas se permettre de s'abonner à des sites porno payants.
La santé : Leur corps ne peut pas supporter autant de sessions, de rushs de dopamine ou d'orgasmes. De plus, les orgasmes déclenchent un flot de molécules pour stopper ledit orgasme. C'est obligatoire, c'est juste la façon dont le corps humain fonctionne.
Une fois que le petit monstre quitte votre corps, l'horrible sentiment d'insécurité prend fin. Votre confiance en vous fait son retour triomphal, accompagné d'un merveilleux sentiment de respect de soi, donnant l'assurance pour prendre le contrôle de votre vie et l'utilisant comme une arme pour attaquer d'autres problèmes. C'est l'un des nombreux avantages d'échapper à n'importe quelle addiction.

Le mythe de la séparation est l'un des nombreux pièges que le petit monstre tente de vous tendre. Ces pièges rendent l'arrêt plus difficile, dû à la satisfaction impossible de la faim insatiable. Cela incite des utilisateurs à se tourner vers la cigarette, l'alcool ou des drogues encore plus violentes pour combler le vide.
Les humains sont des animaux évaluateurs, autant pour nous-mêmes que pour les autres. Regarder du porno avec votre partenaire n'est pas satisfaisant, sachant que vous évaluez chacun la performance de

l'autre selon le scénario parfait du clip vidéo. Voulez-vous Brad Pitt dans votre chambre, même sous la forme d'un poster? Aucune personne ne peut reproduire un harem ou chaque "expérience" est jouée, scriptée, dirigée par des professionnels et immédiatement disponible 24h/24 et 7 jours sur 7.

20 - Éviter les fausses motivations

Beaucoup d'utilisateurs de la méthode volonté essaient d'augmenter leur motivation avec des fausses motivations. Il en existe beaucoup d'exemples, un qui est assez commun est de s'offrir des cadeaux lorsqu'on n'a pas regardé de pornographie en 1 mois. Cela semble être intelligent et logique mais ce n'est pas vrai, parce que n'importe quel utilisateur qui se respecte préfèrerait regarder de la pornographie tous les jours plutôt que de s'acheter un cadeau. Ça sème le doute dans l'esprit de l'utilisateur, non seulement ils vont devoir s'abstenir pendant *30* jours, mais en plus ils ne sont pas sûr qu'ils vont apprécier ces jours sans pornographie. Leurs seuls plaisirs et supports ont été enlevés ! Tout ce que ça fait, c'est que ça grossit le sentiment de sacrifice pour l'utilisateur. Ça rend la pornographie encore plus précieuse.
D'autres exemples sont :
- *"Je vais quitter, ça va me forcer à sortir et avoir une vie sociale et du vrai sexe"*
- *"Je vais quitter, comme ça de l'énergie magique va me placer au-dessus de la compétition et j'aurai facilement la femme que je veux"*
- *"Je vais quitter, comme ça je ne gâcherai pas mon enthousiasme et mon énergie sur la pornographie et ça me motivera"*

Ces exemples sont vrais, ils peuvent marcher, et ils peuvent même réussir - mais réfléchis une seconde. Si tu obtiens ce que tu souhaitais, à un moment cette nouveauté disparaîtra et le sentiment de manque recommencera; si tu ne l'avais pas obtenu tu te sentirais juste misérable. Dans tous les cas, à un moment tu retomberas dans le même piège.
Lier l'arrêt avec de fausses motivations ne fait que créer des doutes, parce que si tu n'atteins pas tes espérances (voir même si tu les atteins), tu vas commencer à douter et penser *"Est-ce que quitter va*

vraiment améliorer ma vie ? Si je quitte et que je n'ai pas ce que je veux, est-ce que j'ai bien appliqué la méthode ?". Des pensées du genre augmentent le sentiment de sacrifice et causent de fortes envies.

D'autres exemples typiques sont les pactes en ligne ou sur des forums. Ils ont l'avantage de supprimer les tentations pendant quelque temps. Par contre ils échouent souvent pour les raisons suivantes :
1. La motivation est fausse, pourquoi voudrais-tu arrêter juste parce que d'autres personnes le font ? Tout ce que cela fait est que ça génère de l'anxiété en plus et augmente ce sentiment de sacrifice. C'est bon si tous les utilisateurs veulent réellement arrêter en même temps - mais tu ne peux pas les forcer à arrêter, bien qu'ils le veuillent tous secrètement. Jusqu'à ce qu'ils soient prêts à arrêter, un pacte crée plus de stress, ce qui augmente leur envie de visionner de la pornographie. Ça les transforme en spectateurs secrets, ce qui augmente encore plus le ressenti de dépendance.
2. Lorsqu'on utilise la méthode volonté, la dépendance de chacun sur chacun crée des périodes de "pénitence". Pendant ces périodes, les participants attendent que les envies disparaissent. Lorsque les participants cèdent aux tentations, il y a un sentiment d'échec. Quand on utilise la méthode volonté, au moins 1 participant va échouer, ce qui donne des excuses aux autres participants. Ça n'est pas leur faute, ils auraient bien continué mais "Fred" a échoué. La vérité est que la plupart ont déjà triché.
3. Partager le mérite est l'inverse de la dépendance. Lorsqu'on arrête la pornographie tout seul, il y a un sentiment merveilleux de réussite. Les compliments des amis et des potes d'internet peuvent être une très grosse aide pendant les premiers jours. Ainsi lorsque tout le monde le fait au même moment, le mérite doit être partagé et cette aide est donc moins forte.
4. Un autre exemple classique est celui de la promesse du gourou. Arrêter te rendra heureux car tu n'es plus engagé dans la bataille contre la pornographie, ton cerveau se restaure et tu reprends contrôle de tes pulsions. Cependant, il faut se souvenir que ça ne

te transformera pas en dieu du sexe et que ça ne te fera pas gagner la loterie. Personne en a rien à faire si tu arrêtes la pornographie. Tu n'es pas faible si tu utilises du porno 3 fois par jour et que tu as une dysfonction érectile, tu n'es pas fort si tu es addict mais que tu n'en utilises pas.

Arrête de te mentir. Si l'offre du travail avec 10 mois de travail pour 12 mois de salaire annuel, ou les risques de détruire les méthodes de relaxation de ton cerveau, ou risquer d'avoir des dysfonctions érectiles, ou la torture et esclavage à vie de la pornographie n'avait pas fait s'arrêter quelqu'un : les exemples insincères ci-dessus ne les feront pas arrêter non plus. Ces exemples ne réussiront qu'à augmenter le sentiment de sacrifice du participant. À la place, réfléchissez autrement :
"Qu'est-ce que j'y gagne ? Pourquoi est-ce que j'ai besoin de regarder du porno ?"
Continue de regarder l'autre côté de la bataille mentale, demande-toi ce que la pornographie fait pour toi. ***ABSOLUMENT QUE DALLE.*** Pourquoi est-ce que j'en ai besoin ? ***TU N'EN As PAS BESOIN ! TU NE FAIS QUE TE PUNIR.*** C'est un pari de Pascal : tu n'as quasiment rien à perdre (de l'excitation passagère), mais des chances de gros profits (de l'excitation normale et contrôlable, une bonne santé mentale et du bonheur) et aucune chance de grosses pertes.
Alors pourquoi ne pas déclarer à ses amis et à sa famille qu'on arrête ? C'est parce que ça fait de toi un fier ex-addict/ex-utilisateur, au lieu d'un non-utilisateur heureux. Ça peut effrayer un peu ton partenaire qui peut voir ça comme une tactique pour avoir plus de sexe, dans une sorte de manière post-moderne. Ils peuvent également avoir peur que ça te transformera en bête de sexe, c'est difficile à expliquer s'ils ne sont pas ouverts d'esprit.
Chaque tentative d'avoir d'autres personnes pour t'aider à arrêter donne plus de pouvoir au petit monstre de l'addiction. Le pousser hors de ton esprit pour ne plus y penser a pour effet d'*essayer* de ne plus y penser. Reste plutôt sur tes gardes dès que tu remarques les

pensées ou les conditions (seul à la maison). Dis-toi *"Génial, je ne suis plus un esclave de la pornographie. Je suis libre et heureux de connaître les différences avec le sexe !"* Cela coupera l'oxygène du feu de la pensée, ça l'empêchera de se transformer en envies et besoins. Avec cette vision des choses, faire des méditations réfléchies peut aider contre la dépersonnalisation des pensées (quand certaines pensées ne viennent pas de réflexions mais par instinct).

21 - La méthode facile pour arrêter le porno

Ce chapitre contient des instructions faciles pour arrêter d'utiliser du porno. Si vous suivez les instructions, vous trouverez qu'arrêter est sur un spectre entre "relativement facile" et "plutôt sympathique" ! Si vous suivez les instructions ci-dessous, c'est ridiculement facile d'arrêter d'utiliser la pornographie, vous devez juste faire deux choses :
1. Prends la décision que **tu ne regarderas plus jamais de porno**.
2. Ne te morfond pas à propos de cela, mais au contraire, **réjouis-toi**.

Tu te demandes sûrement : À quoi sert le reste du livre ? Pourquoi ne pas l'avoir dit avant ? Eh bien, c'est parce que tu t'es probablement déjà laissé aller par le passé et que tu es donc revenu sur ta décision d'arrêter. Ça t'est sûrement arrivé plusieurs fois.

Comme nous l'avons déjà dit, la pornographie est un piège subtil et sinistre. Le problème principal lorsqu'on essaie d'arrêter n'est pas l'addiction à la dopamine même si c'est certainement l'un des problèmes, juste pas le principal - c'est le lavage de cerveau. Ainsi, il est nécessaire de détruire tous les mythes et les illusions d'abord. Comprends tes ennemies, apprends leurs tactiques et tu peux facilement les battre. J'ai passé de grandes parties de ma vie avec une dépression noire quand j'essayais d'arrêter. Quand j'ai finalement réussi à y échapper, j'ai recommencé à zéro sans vivre de mauvais moments. C'était appréciable, même pendant les périodes de manque et je n'ai plus eu d'envies depuis. Au contraire, c'était une des meilleures choses qui me soit arrivé.

Ma dernière tentative était différente. Comme pour tous les utilisateurs aujourd'hui, le problème m'avait vraiment préoccupé. Jusqu'à ce moment, quand j'échouais, je me consolais en me disant que ça sera plus facile la prochaine fois. Je n'avais jamais pensé que cela pourrait continuer ainsi jusqu'à la fin de ma vie. Cette pensée m'a remplie de terreur et j'ai tout de suite commencé à réfléchir.

Plutôt que de créer un nouvel onglet inconsciemment, j'ai commencé à analyser mes pensées et sentiments, j'ai confirmé ce que je savais déjà. Je n'appréciais pas la pornographie, je le trouve sale et dégoutant. J'ai commencé à regarder les non utilisateurs d'autres pays ou des personnes plus vieilles qui n'ont jamais connu ces sites. Jusque-là, j'imaginais les non-utilisateurs comme des personnes austères, insociables, obsédées. Mais j'ai commencé à les analyser comme ils semblaient, ils semblaient - pour manque d'autres mots - plus forts et relaxés. Ils semblaient capables de subir les stress de la vie et semblaient apprécier bien plus socialiser que les non-utilisateurs. Ils avaient certainement plus d'énergie et de personnalité qu'eux.

J'ai alors commencé à parler avec des ex-utilisateurs. Jusque-là, je pensais qu'ils avaient arrêté pour des raisons de santé ou de religion, je pensais que, secrètement, ils voulaient toujours faire d'autres visites sur des sites porno. Quelques-uns disaient *"Tu as quelques envies des fois, mais elles sont tellement rares qu'elles ne valent pas la peine d'y penser"*. La plupart me répondaient *"Si ça me manque ? Tu te moques de moi ! La vie n'a jamais été aussi belle !"*. Même les échecs étaient quelque chose de positif pour eux. Ils ne se condamnaient pas, ils acceptaient les échecs de manière inconditionnelle. Comme un entraîneur qui accepte les erreurs d'un authentique joueur en or. Parler à des non-utilisateurs a détruit un mythe que j'avais en moi, que j'avais une faiblesse spéciale liée à ma personne. Mais j'ai finalement compris, tout le monde devait vivre ce même enfer.

En gros, je me suis dit *"Des tonnes de personnes arrêtent maintenant et vivent des vies heureuses. Je n'avais jamais eu besoin de commencer, et je me souviens que j'avais dû mettre du mien pour m'y habituer. Pourquoi est-ce que j'ai besoin de continuer ?"* Dans tous les cas, je n'aimais pas la pornographie, je détestais tout le "rituel" dégoutant qui l'entoure, et surtout ne voulait pas rester esclave jusqu'à la fin de ma vie. Donc je me suis dit :

"Que tu l'aimes ou non, tu viens de faire ta dernière session."

J'ai su dès de ce moment, que plus jamais je ne ferais d'autres sessions de masturbation. Je ne m'attendais pas à ce que ça soit facile, tout le contraire. Je croyais entièrement que je m'étais abonné à plusieurs mois de dépression noire et vivre le reste de ma vie avec des envies occasionnelles. Mais en vrai, c'était du pur bonheur dès le début.
Ça m'a pris du temps pour comprendre pourquoi ça avait été si facile et pourquoi je n'avais pas eu ces périodes d'envies. C'est car ils n'existent pas, c'est le doute et l'incertitude qui crée ces envies. La magnifique vérité est que : **il est facile d'arrêter d'utiliser la pornographie.** Ce n'est que l'incertitude et se morfondre qui rend l'arrêt difficile. Même quand on est addicte, on peut passer de longs moments sans pornographie. Ce qui, quand tu le veux mais que tu ne peux pas l'avoir, te fait souffrir.
Ainsi, le moyen pour arrêter facilement est de prendre une décision sûre et finale. Ne pas espérer mais *savoir* que tu as battu la pornographie une fois pour toutes. Ne doute jamais de cette décision, fait l'inverse et réjouis-toi ! Si tu es certain dès le début, ça sera facile. Mais comment être certain dès le début ? C'est la raison pour laquelle le reste du livre est nécessaire. Il y a certains points qui sont nécessaires d'assimiler avant de commencer :

1. Comprends que tu peux y arriver. Tu n'as rien de spécial et seul toi peut t'empêcher de consommer de la pornographie. Les acteurs, même dans leurs rêves les plus fous, n'auraient jamais pensé être des outils utilisés pour réduire la virilité.
2. Tu n'as absolument rien à perdre. Au contraire, il y a d'énormes points positifs à gagner. Non seulement tu seras plus riche et en meilleure santé, mais tu apprécieras plus les bons moments et tu seras moins misérables pendant les mauvais moments.
3. Il n'y a pas de "visites" ou de "juste un coup d'œil". La pornographie est une addiction et une réaction en chaîne, en faisant ces rares visites tu ne fais que te punir.

4. Ne vois plus la pornographie comme une mauvaise habitude qui peut te faire mal, vois-le comme une addiction à la drogue. Confronte le fait que, que tu le veuilles ou non, **tu es malade**. L'addiction ne partira pas parce que tu l'ignore. Souviens-toi que, comme toutes les maladies débilitantes, c'est non seulement à vie mais ça devient exponentiellement pire. Le meilleur moment pour s'en débarrasser est maintenant.
5. Sépare la maladie - l'addiction neurologique - de la mentalité d'être un utilisateur ou non. Tous les utilisateurs, s'ils en avaient la possibilité, sauteraient à l'occasion de revenir dans le temps avant qu'ils ne deviennent addictes. Tu as cette opportunité aujourd'hui ! Ne pense même pas à abandonner.

Quand tu auras pris la dernière décision d'arrêter, tu seras déjà un non-utilisateur. Un utilisateur est l'un de ces miséreux qui vit et s'autodétruit avec la pornographie. Un non-utilisateur ne le fait pas. Une fois que tu as pris cette décision, tu as déjà atteint ton objectif. Réjouis-toi, ne passe pas ton temps à rien faire en attendant que l'addiction s'en aille. Sors et apprécie la vie tout de suite. La vie est géniale même quand tu es addict, et c'est encore mieux lorsque tu ne l'es pas.

La méthode pour arrêter facilement est d'être certain que tu vas réussir même pendant la période de désintoxication (3 semaines maximum). Si tu es dans un bon état d'esprit, tu trouveras qu'arrêter est ridiculement facile.

À cette étape, tu as ouvert ton esprit comme demandé au début, tu as décidé que tu allais t'échapper. Tu dois maintenant te sentir excité, comme un chien qui tire sur sa laisse, tu ne peux plus attendre de détruire ce toboggan de la dopamine et de la pornographie. Si tu as des sentiments de contemplation et d'anxiété, c'est sûrement pour ces raisons :

1. Il y a quelque chose que tu n'as pas assez bien assimilé. Relis les 5 points ci-dessus et demande-toi si tu les crois vraiment. Si tu as des doutes, relis les sections appropriées.

2. Tu as peur de la défaite elle-même. Ne t'inquiète pas, si tu continues à lire,

    a. Tu réussiras. Toute l'entreprise pornographique est un piège à confiance de taille gigantesque. Des personnes intelligentes peuvent se faire avoir par un piège à confiance, mais seul un imbécile continue de tomber dedans une fois qu'il a découvert que c'était un piège.
3. Tu es d'accord avec moi mais tu es toujours misérable. Ne le sois pas ! Ouvre les yeux, quelque chose de merveilleux va t'arriver. Tu vas t'échapper de la prison, c'est essentiel de commencer par avoir le bon état d'esprit : *"C'est génial, je suis un non-utilisateur!"*.

Tout ce qu'il faut faire c'est garder le bon état d'esprit pendant la période de manque, les chapitres suivants t'aideront pour cela. Après la période de désintoxication tu ne devras pas penser comme ça, tu le penseras
Automatiquement, le seul mystère dans ta vie sera *"Pourquoi est-ce que je n'avais pas compris avant"*. Cependant, voici deux avertissements importants :
- Retarde les plans de ta dernière visite jusqu'à ce que tu aies fini le livre.
- Nous avons beaucoup parlé de période de période de désintoxication de 3 semaines, cela peut créer des incompréhensions. D'abord tu peux penser que tu vas devoir souffrir pendant ces 3 semaines, c'est faux. Ensuite, tu dois éviter le piège de *"Je dois m'abstenir pendant 3 semaines, d'une manière ou d'une autre, ensuite je serais réparé"*. Rien de magique ne va t'arriver après ces 3 semaines, tu ne te sentiras pas soudainement comme un non-utilisateur car ils ne se sentent pas différent des utilisateurs. Si tu es triste de devoir t'arrêter pendant ces 3 semaines, tu te morfondras toujours après ces 3 semaines. En résumé, si tu commences par dire *"Je

ne me masturberais plus jamais, n'est-ce pas merveilleux ?", après les 3 semaines tu n'auras plus aucune envie. Mais si tu te dis *"J'espère pouvoir survivre ces 3 semaines sans pornographie"*, tu mourras toujours d'envie de visiter un harem en ligne après la période de désintoxication.

Pense comme ça - ton cerveau veut continuer le status quo, donc si tu penses que tu arrêtes quelque chose de bon, tu te sentiras mal. C'est impossible de te forcer à ressentir d'une certaine manière si ton cerveau n'y croit pas. C'est pourquoi il est important de supprimer toutes les illusions que la pornographie est une bonne chose et/ou t'offre quelque chose. C'est comme ça que tu sais que tu ne sacrifies rien.

La dysfonction sexuelle est très liée avec ton cerveau et ton état d'esprit. La pornographie sur internet modifie le système de récompense de ton cerveau et te donne une mentalité de doute. C'est ce doute de soi qui va causer les dysfonctions sexuelles. Avoir tout le désir dans ton cerveau mais aucun désir dans le reste de ton corps est la pire chose qui peut arriver à ta mentalité. La libido en tandem avec la romance est l'élixir de jeunesse que tu peux garder jusqu'à ta mort. Tu augmentes tes chances de la garder en arrêtant, mais ce n'est pas le seul bénéfice majeur. C'est votre liberté de l'esclavage !

22 - La période de désintoxication

Jusqu'à 3 semaines après ta dernière session, tu pourrais toujours subir des envies. Ces envies sont composées de deux facteurs assez distincts :

1. Des envies causées par un manque de dopamine. Un sentiment de vide et d'insécurité, similaire à la faim, comme des besoins ou un sentiment de 'je dois faire quelque chose'.
2. Des déclencheurs psychologiques de stimulus externe. Par exemple : les publicités, la navigation sur internet, les conversations sur le téléphone, etc.

...

Ne pas savoir différencier ces deux facteurs peut augmenter la difficulté de réussir avec la méthode volonté. C'est la raison pour laquelle beaucoup de personnes retombent dans le piège. Bien que les envies causées par le manque de dopamine ne causent pas de douleur physique, il ne faut pas sous-estimer leur puissance. On parle de "douleur de faim" lorsqu'on ne mange pas pendant un jour; le ventre peut gronder mais il n'y a pas de réelle douleur physique. Tout de même, la faim est une puissante force et on est susceptible d'être irritable quand on n'a pas mangé. C'est similaire à quand notre corps veut un petit coup de dopamine, sauf que notre corps a besoin de nourriture mais pas de poisons. Avec un bon état d'esprit, ces envies de manque peuvent être facilement ignorées et disparaissent rapidement.

Après s'être abstenus pendant quelques jours avec la méthode volonté, les besoins de coups de dopamine disparaissent vite. C'est le deuxième facteur - le lavage-de cerveau - qui rend tout difficile. L'utilisateur s'est habitué à combler ces "manques" à certains moments et occasions, ce qui crée des associations (*"J'ai une érection, je dois regarder du porno"* ou *"Je suis dans mon lit avec mon ordinateur portable, je dois avoir une session pour être heureux*'). C'est mieux illustré avec un exemple : tu as une voiture où le bouton pour allumer les phares est à gauche, mais tu t'achètes une nouvelle voiture où ce bouton est à droite. Pendant quelques semaines après avoir acheté cette voiture, tu crois que le bouton pour les phares est à gauche et au lieu d'allumer les phares, tu allumeras les essuie-glaces.

Arrêter est assez similaire, pendant les premiers jours, tu auras des mécanismes qui s'activent à certains moments. Tu penseras vouloir faire une session, il faut donc supprimer ce lavage de cerveau dès le départ pour que ces habitudes et déclencheurs disparaissent. Avec la méthode volonté, les utilisateurs pensent sacrifier quelque chose, donc ils sont tristes et attendent que leurs envies disparaissent. Au lieu de supprimer ces envies, cela les rend plus fortes encore. Similairement, sous la pensée gourou, l'utilisateur se demande quand il va enfin devenir un dieu et il croit qu'il ne devrait pas avoir ces pensées. Cela crée pour eux un chemin de la haine de soi qui mène vers l'échec.

Un déclencheur assez commun est quand on est seul, particulièrement à des événements sociaux avec des amis. L'ex-utilisateur qui utilise d'autres méthodes pour arrêter se sent misérable car il est privé de ses plaisirs et de ses soutiens habituels. Leurs amis sont avec leurs partenaires et agissent de manière intime. L'utilisateur est soit célibataire, soit son partenaire ne lui donne pas assez d'action, donc il n'apprécie plus ce qui devrait être un interaction sociale plaisante. Les automatismes de son cerveau vont le mener directement vers le porno, ce qui est plus facile que d'essayer d'échauffer son partenaire.

À cause de l'association entre leur droit au sexe et leur bien-être, l'utilisateur souffre triplement lorsqu'il s'abstient et son lavage-de-cerveau s'empire. S'il est assez résolu et arrive à s'abstenir, l'utilisateur peut éventuellement accepter qu'il ne *mérite* pas de sexe et peut vivre normalement sans. Cependant, le lavage-de cerveau reste toujours. Un de ses aspects les plus pathétiques est quand l'utilisateur a arrêté depuis longtemps mais désire toujours une dernière visite sur ces harems. Ils languissent pour une illusion et se font du mal sans raison.

Même avec la méthode EasyPeasy, répondre à des déclencheurs est la cause principale des échecs. L'ex-utilisateur à tendance à voir le porno sur internet comme une sorte de placebo. Il pense *"Je sais que le porno ne me sert à rien, mais si je pense qu'il est utile, alors quelquefois il me sera utile"*. Une gélule de sucre, bien qu'elle n'aide pas réellement au niveau physique, peut être très forte au niveau psychologique et peut donc être utile. Le porno sur internet et la masturbation chronique ne sont pas des gélules de sucre. Pourquoi ? Car le porno est la cause des symptômes qu'on essaie de se débarrasser en se masturbant. Au bout d'un moment le porno n'est plus assez pour se débarrasser de ces symptômes.

Il est plus facile d'expliquer les effets lorsqu'on compare avec un non-utilisateur ou un utilisateur qui n'a pas visité de sites en plusieurs années. Prenons le cas d'un utilisateur qui vient de perdre son partenaire, il est alors commun, voire logique, de se dire *"Visite ton harem rien qu'une fois, ça te calmera"*. S'il le visite, ça ne calmera pas l'utilisateur car il n'y a pas d'addiction à la dopamine et donc pas de manque. Au mieux, ça donnera juste un petit boost psychologique.

Après que la session soit finie, la cause originale de la visite reste. En plus la situation empire car l'utilisateur souffre maintenant de manque de dopamine, il doit donc choisir entre les endurer ou continuer le cycle vicieux en retournant sur ces sites. Tout ce que le porno a fait c'est qu'il a donné un petit boost psychologique, le même aurait pu être fait en lisant un livre ou en regardant un film heureux. C'est comme ça que beaucoup d'ex-utilisateurs et non-utilisateurs sont devenus addicts. Il faut bien comprendre que : tu n'as pas besoin de ce boost de dopamine, tu ne fais que te torturer en pensant que c'est bénéfique. Il n'y a pas besoin d'être misérable.

Les orgasmes ne créent pas de bonnes relations; la plupart du temps ils les ruinent. Il faut également se souvenir que ceux qui montrent publiquement leur affection ne profitent pas de tous les instants pour s'accoupler. L'intimité est mieux appréciée en privé, là où les partenaires peuvent interagir sans embarras, il n'est pas nécessaire d'être un addict à la dopamine des orgasmes. Si un orgasme arrive naturellement, c'est bon, mais il faut savoir vivre sans.

Après avoir abandonné le concept que le porno est intrinsèquement bon, beaucoup d'utilisateurs pensent : *"Si seulement il existait de la pornographie "clean" "*. Ça existe, mais tous ceux qui l'essaient découvrent que c'est une perte de temps. L'unique raison pour laquelle tu utilises la pornographie est pour ce boost de dopamine. Une fois que tu n'as plus envie de cette dopamine, tu n'auras plus envie de retourner sur ton site porno.

Peu importe si ces envies sont le résultat d'un manque de dopamine ou causées par des déclencheurs, il faut les accepter. Il n'y a pas de douleur physique et avec un bon état d'esprit, ces envies ne peuvent rien te faire. Ne t'inquiète pas de la désintoxication, le sentiment lui-même n'est pas mauvais. C'est le mélange de *vouloir* mais d'être *refusé* qui crée des problèmes. Au lieu de se morfondre, il faut le comprendre *"Je sais ce que c'est, c'est les envies causés par la pornographie. C'est ce dont les utilisateurs souffrent toute leur vie et c'est la cause de leur addiction. Les non-utilisateurs n'ont pas ces envies, c'est un des maux de cette addiction. C'est merveilleux que je purge ce mal de mon cerveau !"*.

Autrement dit, pendant les 3 prochaines semaines, tu auras un petit traumatisme dans ton corps. Mais, pendant ces 3 semaines et jusqu'à la fin de ta vie, quelque chose de génial se passera. Tu te débarrasseras de cette horrible maladie, les avantages sont bien plus gros que le petit traumatisme, tu commenceras même à apprécier ces envies. Ces moments d'envie deviendront des moments de plaisir car tu es en train de tuer ce parasite de la pornographie. Tu dois l'affamer pendant 3 semaines où il va essayer de rester en vie en essayant de te faire regarder de la pornographie.

Des fois, il essaiera de te rendre misérable. Des fois, tu seras surpris. Tu tomberas nez à nez avec un lien pornographique ou tu trouveras quelque chose en ligne à un moment où tu as oublié que t'avais arrêté. Tu te sentiras un peu frustré lorsque tu te souviendras que tu as arrêté. Il faut se préparer à ces pièges, peu importe la tentation, il faut se souvenir que c'est une bataille contre un monstre dans ton corps. Chaque fois que tu résistes ces tentations, tu viens de lui porter un coup fatal.

Peu importe ce que tu fais, il ne faut pas essayer d'oublier la pornographie. C'est la raison pour laquelle les utilisateurs de la méthode volonté ont tant de difficultés. Ils espèrent passer chaque jour en oubliant que ça existe. C'est comme lorsqu'on essaie de s'endormir - plus on s'en inquiète moins on réussira à s'endormir. Dans tous les cas, tu n'arriveras pas à l'oublier les premiers jours, le petit monstre de l'addiction te le rappellera sans cesse. Tant que tu as toujours des ordinateurs portables, des téléphones, des magazines autour de toi, tu seras rappelé sans cesse.

Tout ça pour dire qu'il n'est pas nécessaire d'oublier, rien de grave ne se produit. D'ailleurs, quelque chose de génial se produit même si tu y penses 20 000 fois par jour, **apprécie tous les moments, rappelle-toi à quel point il est bon d'être libre. Souviens-toi de la joie de ne pas devoir te torturer tous les jours.** Comme on l'a déjà dit, ces moments d'envies deviendront des moments de plaisir, tu vas te surprendre d'à quel point tu vas vite oublier le porno.

Peu importe ce que tu fais, *ne doute pas de ta décision d'arrêter*. Dès que tu commences à douter, tu commences à t'attrister sur ton sort et tout empire. Au lieu de te morfondre, utilise ce moment pour te motiver. Si la cause de ton addiction est une dépression, rappelle-toi que cette addiction *cause* ta dépression. Si un de tes amis t'envoie un lien porno, dis-leur fièrement *"Je suis heureux de t'annoncer que j'en ai plus besoin !"* Ça leur fera du mal, mais quand ils verront que tu es heureux, ils seront enclins à te rejoindre.

Souviens-toi : tu as de très bonnes raisons pour arrêter. Souviens-toi des coûts et demande-toi si tu veux mettre ton corps et ton esprit en danger et si tu veux vivre sous le joug de la pornographie jusqu'à la fin de ta vie. Fais attention car le monstre de l'addiction fera de son mieux pour minimiser les risques. De plus les ressentis ne sont que temporaires, chaque seconde te rapproche de ton but.

Certains utilisateurs pensent qu'ils devront vivre le reste de leur vie à "inverser des déclencheurs". C'est-à-dire, ils croient qu'ils devront passer le reste de leur vie à se mentir et à utiliser la psychologie pour ne plus aller sur du porno. Ce n'est pas le cas, il faut se souvenir que l'optimiste voit le verre à moitié rempli et le pessimiste à moitié vide. Dans le cas de la pornographie, la bouteille est complètement vide mais l'utilisateur la croit remplie. Il n'y a rien de positif à la pornographie sur internet. Seul l'utilisateur qui a subi un lavage-de-cerveau pense qu'il y en a. Dès que tu te dis que tu n'as pas besoin ou envie de pornographie, alors très bientôt, tu le verras très vite de tes propres yeux. C'est la dernière chose que tu dois faire; fais en sorte que ça ne soit pas la dernière chose que tu fais.

23 - Juste une toute petite dose

C'est là que beaucoup se perdent en utilisant la méthode volonté. Ils arrivent à tenir trois ou quatre jours et une petite dose les fait craquer. Ils ne se rendent pas compte de l'effet dévastateur que ça a sur leur moral.
Pour la plupart des utilisateurs, leur première dose de harem en ligne n'était pas aussi satisfaisante qu'une vraie relation sexuelle. Les vidéos "clean" sont rares, ce qui donne un boost à leur esprit conscient. Ils se disent: "C'est bon, ce n'était pas si agréable que ça. Je perds l'envie et je m'intéresse plus aux trucs choquants." En réalité, c'est tout le contraire. Que ce soit clair, ce n'est pas pour l'appréciation de l'orgasme que vous arrêtez le porno. Si les utilisateurs regardaient du porno pour l'orgasme uniquement, ils ne regarderaient jamais plus d'une vidéo seulement. La seule raison pour laquelle vous aviez besoin de porno était de nourrir ce petit monstre en vous. Imaginez juste, après avoir été affamé pendant quatre jours, à quel point cette unique dose aurait été précieuse pour lui. Votre esprit conscient n'est pas au courant, mais la dose que votre corps reçoit est communiquée à votre subconscient, et toute votre préparation en sera gâchée. Il y aura une petite voix au fond de votre tête qui vous dira en dépit de toute logique que les sessions de pornographie sont précieuses et qu'il vous en faut une autre.
Cette petite dose a deux effets néfastes:
1. Elle garde le petit monstre vivant dans votre corps.
2. Pire, elle garde le gros monstre en vie dans votre esprit. Si vous avez eu la "dernière dose" ce sera plus facile d'avoir la prochaine.

Le porno est un piège à souris sans fromage, avec seulement du poison. En utilisant votre volonté, vous devez vous convaincre de ne pas attraper le fromage, mais EasyPeasy vous permet de voir le poison qui se cache derrière. Vous n'avez plus besoin de l'éviter, vous n'allez tout simplement plus dessus.

Par-dessus tout, rappelez-vous:
"juste une dose" est la façon de penser qui mène les gens vers l'addiction en premier lieu.

24 - Est-ce que ce sera plus dur pour moi?

Il y a une combinaison infinie de facteurs qui déterminent la facilité de chaque individu à réussir. Pour commencer, nous avons chacun nos propres personnalités, carrières, circonstances personnelles, rythmes, métabolismes, etc. Certaines professions peuvent rendre la tâche plus dure que d'autres, mais à partir du moment où le lavage de cerveau est enlevé, ça ne doit pas forcément être le cas. Prenez les exemples suivants.

Parfois, c'est plus dur pour les personnes qui travaillent dans la médecine. On pourrait penser que c'est plus simple pour eux car ils sont plus conscients des effets néfastes, mais même si ça leur apporte des raisons plus que valables pour arrêter, ça ne rend pas la tâche plus simple à accomplir. Les raisons sont:

1. La conscience constante des risques pour la santé crée de la peur, une des conditions qui nous pousse à vouloir soulager les douleurs du sevrage.
2. Le travail d'un docteur est très stressant et ils sont souvent incapables de soulager le stress additionnel des douleurs du sevrage tout en faisant leur travail.
3. Ils ont en plus de cela le stress de la culpabilité car ils estiment qu'ils devraient montrer le bon exemple au reste de la population. Cela leur met une pression encore plus grande sur les épaules et accroît le sentiment de privation.

Après une dure journée de travail, lorsque leur stress est temporairement soulagé par la pornographie, cette session est, à tort, associée au soulagement ressenti. A cause de cette association erronée d'idées, l'amélioration immédiate de la situation est attribuée au porno, qui devient une chose précieuse lors de l'abstinence et du sevrage. C'est un profil type de consommateur occasionnel et s'applique à toute situation où le consommateur s'efforce de s'abstenir durant de longues périodes. Avec la méthode de la volonté, le consommateur est misérable car ils sont privés du porno et ne profitent pas de la fatigue et du sommeil qui suivent une session. Leur sentiment de perte est fortement augmenté. Néanmoins, si on peut d'abord enlever le lavage de cerveau et le désespoir concernant le porno, le repos et le sommeil peuvent être appréciés même quand le corps réclame des transmetteurs monoamines - sérotonine, norépinéphrine, et dopamine.

Une autre situation difficile est l'ennui, surtout quand il est combiné à des périodes de stress. Des exemples typiques sont les étudiants et les parents célibataires, leur travail étant stressant mais monotone. Durant une tentative d'arrêter le porno avec seulement leur volonté, la personne célibataire a de longues périodes pendant lesquelles elle peut se morfondre à propos de sa "perte", ce qui accroît le sentiment de dépression. Encore une fois, ceci peut facilement être surmonté si vous avez le bon état d'esprit. Ne vous inquiétez pas si vous vous rappelez continuellement que vous avez arrêté le porno. Utilisez ces moments-là pour vous réjouir du fait que vous êtes en train de vous débarrasser du méchant monstre.

Si vous avez le bon état d'esprit, les douleurs du sevrage deviendront des moments de bonheur. Souvenez-vous, n'importe quel consommateur, peu importe son âge, son sexe, son intelligence ou sa profession peut trouver facile et plaisant l'action de quitter le porno, du moment qu'il a les bonnes instructions.

24.1 - Les raisons principales de l'échec

Il y a deux raisons principales à l'échec. La première est l'influence de stimulus externes – une publicité, un article de journal en ligne, la navigation sur internet, etc. Ils se retrouvent dans un moment de faiblesse, ou deviennent même jaloux quand ils voient de l'intimité dans des contextes sociaux. Ce sujet a déjà été traité longuement. Servez-vous de ces moments pour vous rappeler que se dire "ça ne sera qu'un clic ou un petit coup d'œil" est un mensonge. Réjouissez-vous du fait que vous ayez brisé la boucle de l'esclavage mental. Rappelez-vous que les consommateurs vous envient et vous devriez avoir pitié d'eux, car ils en ont besoin.

L'autre raison est tout simplement une mauvaise journée. Mettez-vous dans la tête dès le départ, que peu importe que vous soyez un consommateur ou pas, il y aura de bons et de mauvais jours. Quand il pleut, il pleut autant pour un pape que pour un meurtrier. La vie est relative et il ne peut pas y avoir de hauts sans qu'il n'y ait de bas. Le souci avec la méthode de la volonté est qu'aussitôt que le consommateur a passé une mauvaise journée, il se met à se morfondre et à avoir envie de visiter le "harem", ce qui complique encore plus le problème. Le non-consommateur gérera plus facilement son stress et ses soucis, pas seulement physiquement mais aussi mentalement. Si vous passez une mauvaise journée durant le sevrage, encaissez-la ; rappelez-vous que les mauvaises journées existaient déjà quand vous étiez accro, sinon vous n'auriez pas arrêté. Au lieu de vous morfondre là-dessus, reconnaissez-le: "Bon, aujourd'hui ce n'était pas super mais le porno ne réglera pas ça. Demain sera meilleur et au moins j'ai un merveilleux bonus, je me suis débarrassé de mon addiction."

Quand vous êtes un consommateur de porno, vous finissez par aveugler votre esprit face aux effets négatifs du porno. Les consommateurs n'ont jamais de brouillard cérébral, ils sont juste "un peu déprimés". Quand vous faites face aux troubles inévitables de la vie et que vous avez une pensée qui vous donne envie de reconsommer du porno, êtes-vous content et joyeux? Bien sûr que vous ne l'êtes pas. Quand vous arrêtez le porno, vous pourrez avoir tendance à mettre tous vos soucis sur le dos de l'abstinence.
Si votre travail vous stresse, vous penserez, "Normalement, dans une situation comme ça, je me serais fait une session." C'est vrai, mais la chose importante que vous oubliez, c'est que le porno n'a pas résolu

le problème, et que vous vous punissez bêtement en vous morfondant sur la perte de ces béquilles illusoires. Vous créez une situation conflictuelle, en étant misérable car vous ne pouvez pas vous masturber en regardant du porno, mais vous le serez encore plus si vous cédez. Vous savez que vous avez fait le bon choix en arrêtant, donc pourquoi vous punir en doutant de votre propre décision ?
Souvenez-vous qu'une approche mentale positive est essentielle – toujours.

25 - Les substituts

Quelques exemples de substituts incluent les magazines pornographiques, les images statiques d'Internet ou bien les diètes de porno, etc. **N'EN UTILISEZ AUCUN.** Ils rendent la tâche plus difficile et non le contraire. Si vous ressentez un manque et utilisez un substitut cela va juste prolonger le manque, augmentant la difficulté. Les substituts sous-entendent que vous avez besoin du porno pour remplir le vide. Ce serait comme céder face à une prise d'otage ou à un caprice d'enfant, créant juste du manque et prolongeant la torture. Qu'importe la situation, les substituts ne vont pas soulager les manques. Votre soif n'est qu'un besoin d'acides aminés dans le cerveau, tout ce qu'elle fera, c'est de vous faire continuer à penser au porno. Rappelez-vous de ces points :
1. Il n'y a pas de substitut pour le porno.
2. Vous n'avez pas besoin de porno, ce n'est pas de la nourriture, mais du poison. Quand le manque arrive, rappelez-vous que ce sont les utilisateurs qui souffrent du manque, pas les non-utilisateurs. Regardez ce manque pour ce qu'il est véritablement : une souffrance due à cette drogue. Associez-les à la mort d'un monstre.
3. La pornographie sur Internet crée le vide, ça ne le remplit pas. Plus vite vous apprenez à votre cerveau que vous n'en avez pas besoin, plus tôt vous serez libre. En particulier, éviter tout ce qui ressemble au porno de près ou de loin, tels que les magazines masculins, les films, les romans d'Amour, les publicités. Ce n'est pas être fermé d'esprit, on peut parler de romance et de sexe, mais pas du porno. Il y a toujours un moyen pour trouver quand et où pour discriminer. Il est vrai qu'une petite proportion d'utilisateurs essayant d'arrêter en utilisant du porno soft ou des diètes réussissent (de leur point de vue) et qui attribuent à leur réussite un tel usage. Cependant, ils arrêtent en dépit de leur utilisation et non à

cause d'elle. C'est malheureux que certains puissent toujours recommander ces mesures.

Ce n'est pas surprenant parce que si vous ne comprenez pas totalement le piège de la pornographie, et bien une diète ou du porno soft en substitut semble très logique. C'est basé sur la croyance que lorsque vous essayez d'arrêter la pornographie, vous avez deux puissants ennemis à abattre :
- Casser l'habitude.
- Survivre aux terribles manques.

Si vous avez deux puissants ennemis à abattre, il est raisonnable de ne pas les combattre simultanément, mais un à un. Cette théorie postule que pour arrêter d'utiliser du porno, vous devez vous limiter à une utilisation hebdomadaire ou à du soft. Et qu'ensuite, une fois l'habitude cassée, vous réduisez graduellement la quantité, attaquant alors chaque ennemi séparément.

Cela semble très logique, mais c'est basé sur des informations incorrectes. Le porno n'est pas une habitude, mais de l'addiction à la dopamine et la véritable douleur physique issue du manque est quasiment imperceptible. Ce que vous essayez de réaliser lorsque vous vous arrêtez est de tuer les deux monstres présents dans votre corps et dans votre cerveau le plus rapidement possible. Toutes les techniques de substitutions ne font que prolonger la vie du petit monstre, ce qui en retour, prolonge le lavage de cerveau. La méthode Facile / EasyPeasy rend facile l'arrêt immédiat, tuant le lavage de cerveau avant même votre dernière session. Le petit monstre sera bientôt mort, et même lorsqu'il sera mourant, ce ne sera pas plus un problème que ce ne l'était lorsque vous étiez un utilisateur.

Réfléchissez-y, comment souhaitez-vous soigner l'addiction à une drogue en recommandant la même drogue ? Il y a pleins d'histoires en ligne à propos de ceux qui ont arrêté le porno hard d'internet, mais qui sont accros à des alternatives "safes", tombés dans les caprices de leur petit monstre. Ne vous faîtes pas avoir par le fait que le porno safe ne soit pas dramatique - telle était la première vidéo. Tous les substituts ont exactement les mêmes effets que n'importe quel porno. Certains se mettent même à manger, mais le vide sentiment de vouloir une session est indiscernable de la faim pour la nourriture, l'un ne va pas satisfaire l'autre. En réalité, s'il y avait quoi que ce soit qui vous donnerait envie de consommer du porno, c'est de vous gavez avec de la nourriture. Comme expliqué précédemment, les diètes de porno et le porno safe vont seulement vous mettre dans une lutte contre vous-même, avec la résistance d'une tentation qui vous semblera tellement embêtante que vous vous sentirez délivré en allant sur votre harem en ligne préféré.

Le mal en chef des substituts est de prolonger le réel problème : le lavage de cerveau. Avez-vous besoin d'un substitut pour la grippe une fois guéri ? Bien sûr que non. En disant que vous avez besoin d'un substitut pour le porno, ce que cela sous-entend c'est que vous faîtes un sacrifice. La dépression associée avec la méthode volontaire est causée par le fait que les utilisateurs pensent faire un sacrifice. Tout ce que vous ferez est de substituer un problème à un autre. Il n'y a pas de plaisir à se gaver de nourriture, de cigarettes ou d'alcool. Vous deviendrez juste gros, dépressif et en un rien de temps de retour vers la drogue.

Les utilisateurs occasionnels trouvent difficile de croire qu'ils ne se privent pas de leur petite récompense, comme ceux qui ne sont pas autorisés à aller en ligne pendant une période de temps lors d'un voyage, un événement familial, etc. Certains penseraient *"Je ne saurais pas comment me détendre sans porno"*. Cela prouve notre point, parfois l'utilisateur de porno ne rechute pas par besoin ni même par volonté de contenu pornographique, mais parce que l'addict (car c'est ce qu'il est) a désespérément besoin de gratter la démangeaison.

Souvenez-vous, les sessions porno n'étaient pas de véritables récompenses. Elles étaient l'équivalent de mettre des chaussures trop serrées pour le plaisir de les retirer. Donc si vous sentez que vous devez avoir une petite récompense, faites de cet exemple votre substitut; pendant que vous travaillez portez des chaussures ou des sous-vêtements une taille en dessous et forcez-vous à les porter jusqu'à votre prochaine pause. Après cela, expérimentez le merveilleux moment de relaxation et de satisfaction quand vous les retirez. Peut-être que vous pensez que cela serait plutôt stupide. Vous avez absolument raison. Cela peut être difficile à visualiser pour quelqu'un encore bloqué dans le piège du porno, mais c'est ce que les utilisateurs font. Il est aussi difficile de visualiser qu'à partir du moment où vous n'aurez plus besoin de cette "petite récompense" et que vous considérerez vos amis qui sont encore dans le piège avec une véritable pitié, vous vous demanderez pourquoi ils n'arrivent pas à voir cet aspect des choses.

Toutefois, si vous continuez à vous persuader que les visites de harem en ligne étaient de véritables récompenses, ou que vous avez besoin d'un substitut, vous vous sentirez démuni et misérable. Les risques sont de retomber dans le piège répugnant encore une fois. Si vous avez besoin d'une vraie pause comme les femmes au foyer, professeurs, docteurs et autres travailleurs font, vous allez bientôt profiter d'autant plus de cette pause car vous n'aurez pas à vous rendre addict vous-même. Souvenez-vous que vous n'avez pas besoin de substitut. Les douleurs sont une envie de dopamine et partiront bien vite. Appliquez cette vision des choses pour les quelques prochains jours et appréciez de débarrasser votre corps et votre esprit de l'esclavage et de la dépendance.

26 - Dois-je éviter les tentations?

Les conseils ont été directs jusqu'à maintenant, on vous a demandé de les traiter plus comme des instructions que comme des suggestions. Il y a des raisons pratiques et logiques pour ces conseils, et ces raisons sont toutes en accord avec des milliers d'études. Sur la question d'éviter ou non les tentations, il n'y en a aucune. Chaque utilisateur devra décider seul. Malgré cela, deux suggestions très utiles peuvent aider pour la question. C'est la peur d'un sentiment de "manque" qui nous force à consommer de la pornographie jusqu'à la fin de notre vie. Cette peur est composée de 2 parties distinctes

Partie 1 : "Comment puis-je survivre sans pornographie ?"

Cette peur est le sentiment de légère panique que ressent le consommateur lorsqu'il est célibataire où que leur partenaire n'est pas dans le sexe. Cette peur n'est pas causée par un syndrome de manque mais est la peur psychologique de la dépendance, être incapable de survivre sans sexe ni orgasmes. Cette peur est maximale lorsqu'on est sur le point de quitter, quand le syndrome de manque est le plus fort. C'est la peur de l'inconnu, la sorte de peur qu'on a quand on apprend à plonger.

Le plongeoir est haut de 30cm mais semble en faire 2m. L'eau est profonde de 2m mais semble n'être profonde que de 30cm. Ça demande du courage de se lancer, on est convaincu que l'on va éclater sa tête au fond. Se lancer est le plus dur, si tu trouves le courage de le faire, le reste est facile. Ça explique pourquoi certains consommateurs avec une volonté forte n'ont jamais essayé d'arrêter ou ne survivent que quelques jours quand ils essaient. En plus, il y a certains consommateurs qui, quand ils essaient d'arrêter, en regarde des tonnes et vont sur des clips plus hardcore que s'ils n'avaient jamais décider d'arrêter. Cette décision crée de la panique, ça rend anxieux et provoque donc de faire un détour sur leur harem en ligne. Mais ils ne peuvent pas y aller, ça mène à des pensées de privation et cause de l'anxiété.

La gâchette de grenade s'active rapidement et quand le fusible s'allume, on ouvre un onglet. Ne t'inquiète pas, la panique est juste psychologique. C'est de la peur dont tu es dépendant. Mais la belle vérité est que tu ne l'es pas, même lorsque tu es addict. Ne panique pas et lance-toi !

Partie 2 : La peur sur le long terme

La deuxième partie est sur le long terme, c'est la peur que certaines choses ne seront pas aussi sympathiques sans la pornographie dans le futur ou qu'on ne survivra pas aux traumas de la vie sans pornographie. Ne t'inquiète pas, si tu arrives à te lancer, tu remarqueras que l'inverse est vrai. L'évitement à la tentation elle-même est séparé en deux catégories.
   1. *"Je vais faire un régime de pornographie une fois tous les 4 jours. Je serai plus confiant en sachant que, si les choses sont dures, je peux toujours aller sur internet. Si j'échoue, c'est OK, je peux rajouter des jours supplémentaires à mon cycle"*

La probabilité qu'une personne faisant un régime abandonne est plus forte que ceux qui quittent tout court. C'est principalement car lorsque quelqu'un passe un mauvais moment pendant une période de restriction, il peut juste aller sur un harem en ligne avec l'excuse donnée ci-dessus. Si quelqu'un n'enfreint jamais les règles qu'il a mises en place, il a plus de chance de résister à la tentation. L'envie se serait dissipée après un certain temps si l'utilisateur avait attendu sur le moment. Cependant, la raison principale pour le fort taux d'abandon est que l'utilisateur n'avait jamais complètement décidé d'arrêter. Il faut se souvenir des deux notions essentielles pour réussir :

   - La certitude

- *"Ça n'est pas merveilleux que je n'ai plus besoin de pornographie ?"* Dans tous les cas, pourquoi as-tu besoin d'une session ? Si tu as toujours besoin de visiter ton harem, relis le livre en entier, car quelque chose n'a clairement pas été assimilé. Extermine ce monstre du lavage de cerveau qui ravage ton esprit.

2. *"Devrais-je éviter l'anxiété et de socialiser pendant la période de manque ?"* Pour les situations stressantes, oui. Il n'y a aucune raison de se rendre anxieux sans raison. Pour les événements sociaux, le conseil est l'inverse. Sors et profite de la vie tout de suite, tu n'as pas besoin de sexe ou d'orgasmes, même lorsque tu es addict à la pornographie. Sors et apprécie que tu n'as pas besoin de sexe ou de ses orgasmes, ça te prouvera très vite que la vie est bien meilleure sans ces stress. Imagine à quel point la vie serait bonne sans ce monstre de l'addiction, de même pour ses pensées agaçantes !

27 - La Révélation

Ayant habituellement lieu dans les trois semaines suivant l'arrêt, les ex-utilisateurs découvrent le moment de révélation. Le ciel apparaît plus clair et c'est le moment où le lavage de cerveau est complètement éliminé du cerveau. À partir du moment où vous ne vous dites plus que vous n'avez pas besoin de regarder du porno, vous réalisez soudainement que la dernière chaîne du maillon est détruite et que vous pouvez profiter du reste de votre vie sans jamais en avoir besoin. C'est aussi à partir de ce point que vous commencez à considérer les utilisateurs comme des personnes en qui il faut avoir pitié et que vous voulez aider.

Ceux qui tentent de quitter avec la méthode volonté n'observent pas ce genre de moments car bien qu'ils soient heureux de ne pas être des utilisateurs (pour le moment), ils continuent leur vie pensante qu'ils ont fait un sacrifice. Plus vous êtes addict, plus ce moment est merveilleux et restera à vie. Avec toutes les joies que la vie a à offrir, il est impossible de retrouver le sentiment de les vivre en direct. La joie de ne pas avoir à regarder du porno est différente, si vous ne vous sentez pas bien et avez besoin d'énergie, vous rappeler de comment vous avez réussi à battre l'addiction qui vous a torturé pendant si longtemps vous remontera sans aucun doute le moral. Beaucoup d'anciens utilisateurs le racontent comme l'un des meilleurs moments de leurs vies. Dans la majorité des cas, le moment de révélation a lieu après non pas trois semaines, mais quelques jours au mieux.

Dans mon cas personnel, il a eu lieu avant ma dernière visite. Je suis sûr que beaucoup des lecteurs ici, avant qu'ils n'aient ne serait-ce que la chance de se libérer complètement diront quelque chose comme *"Tu n'as pas besoin de dire quoi que ce soit d'autre. Je vois clair désormais, je sais que je n'aurais plus jamais besoin de porno."* Basé sur les retours reçus, cela arrive fréquemment. Idéalement, si vous suivez toutes les instructions et comprenez la psychologie complètement, ce moment devrait vous arriver en lisant ces pages.

Bien qu'il soit dit que cela prenne aux alentours de cinq jours pour que les effets de manque disparaissent, et qu'il faille trois semaines pour qu'un ex-utilisateur soit libéré entièrement, des objectifs comme ceux-ci peuvent poser problème. Le premier étant que cette suggestion est implantée dans l'esprit des gens qu'ils devront souffrir entre cinq jours à trois semaines. Le second étant que l'ex utilisateur tend à penser *"Si je peux survivre pendant cinq jours ou trois semaines, je peux attendre un réel boost à la fin de cette période."*

Les gens se posent souvent la question de la signification des cinq jours et des trois semaines. Sont-elles juste des périodes temporelles tirées du chapeau? Non. Bien qu'elles ne soient pas des dates définies, elles reflètent une accumulation de retours au fil des années. Après environ cinq jours d'arrêt est la date approximative à laquelle l'ex-utilisateur cesse d'occuper la majorité de son esprit avec l'addiction. Beaucoup d'ex-utilisateurs vivent leur révélation dans cette période, généralement dans des périodes habituelles stressantes ou d'obligations sociales qu'ils n'auraient pas pu supporter sans une visite sur un site porno. Vous réalisez soudainement que non seulement vous appréciez et vous supportez la situation, mais l'idée de voir du porno ne vous a même pas traversé l'esprit. À partir de ce moment, c'est pour l'écrasante majorité des gens une balade tranquille. C'est là que vous *savez* que vous êtes libre.

C'est en même temps l'expérience d'autres ainsi que la mienne qui ont tenté d'arrêter via la méthode volonté qu'aux alentours de la période des trois semaines est la période où la majorité des tentatives échouent. Ce qui arrive habituellement est qu'après trois semaines vous sentez que vous avez tué votre envie de regarder du porno. Vous voulez vous le prouver à vous-même, alors vous foncez sur votre ordinateur pour visiter votre harem. Ça vous fait tout drôle, prouvant que vous l'avez bien vaincu. Mais dans la procédure vous avez graissé le toboggan de DeltaFosB grâce au rush de dopamine toute fraîche, ce que votre corps vous a supplié de lui donner pendant les trois dernières semaines. Dès que vous avez terminé le boulot, la dopamine quitte votre corps. Une petite voix malheureusement bien trop familière réapparaît dans un coin de votre tête et vous murmure *"Tu ne t'en est pas débarrassé, tu en veux encore."*

Vous ne vous y précipitez pas de nouveau tout de suite car vous ne voulez pas devenir accro, vous vous donnez une "période de sûreté" avant la deuxième fois. Quand vous êtes de nouveau tenté vous vous autorisez à vous dire *"Bon, je ne suis pas devenu accro, donc il n'y a pas de mal à y retourner, n'est-ce pas?"* Vous êtes déjà sur la pente glissante du toboggan. La clé du problème n'est pas d'attendre le moment de révélation, mais de réaliser qu'une fois que vous avez fermé votre navigateur : c'est fini. Vous avez coupé l'oxygène au petit monstre. Aucune force sur Terre ne peut vous empêcher d'être libre, *à moins que vous ne vous morfondiez sur votre sort ou attendiez une révélation.* Profitez de la vie, supportez cette pensée dès le départ. Le moment arrivera bientôt.

28 - Votre dernière visite

Ayant décidé votre moment, vous êtes maintenant prêt à visiter votre harem une toute dernière fois. Avant de le faire, vérifiez les deux points suivants:

1 Est-ce que vous vous sentez certain de votre succès ?

2 Avez-vous un sentiment de tristesse et de mélancolie ou un sentiment d'excitation en sachant que vous allez réaliser quelque chose de merveilleux ?

Si vous avez des doutes, relisez le livre avant de revenir ici. Rappelez-vous que n'avez jamais décidé de tomber dans le piège du porno, mais que le piège est construit de façon à vous rendre esclave toute votre vie. Pour vous échapper, vous avez besoin de prendre la décision que vous allez arrêter et faire votre toute dernière visite.

Rappelez-vous, la seule raison pour laquelle vous avez lu ce livre jusqu'ici est parce que vous chérissez l'idée de vous échapper. Donc prenez cette décision maintenant, faites le vœu solennel que lorsque que vous allez fermer votre onglet, que vous trouviez ça facile ou non, vous n'allez plus jamais visiter votre harem virtuel. Peut-être êtes-vous inquiet car vous avez fait de multiples fois ce vœu mais n'avez pas tenu votre promesse, ou peut être que vous avez peur de devoir passer par une période de trauma. N'ayez aucune crainte, la pire chose qui puisse arriver c'est l'échec, donc vous n'avez **absolument rien à perdre** et vous avez tant à gagner.

Mais arrêtez de penser à l'échec, la magnifique vérité est que non seulement c'est ridiculement facile de réussir, mais vous pouvez également apprécier le processus. Cette fois-ci vous allez utiliser EasyPeasy ! Tout ce que vous devez faire est de suivre les simples instructions que je vais vous donner.

1. Faites un vœu solennel avec une intention forte et honnête.

2. Surfez sur les vidéos et photos de votre site porn favori consciemment, en regardant les essais désespérés des administrateurs, acteurs et même amateurs d'amplifier le choc, la nouveauté et la nature super normale de leurs contenus et demandez-vous : où est le plaisir ?
3. Quand vous fermez votre navigateur, ne le faites pas en pensant "Je ne dois plus jamais visiter un autre harem de ma vie" ou "Je ne suis pas autorisé à en visiter un autre" mais à la place faites-le avec un sentiment de liberté, comme "n'est-ce pas magnifique ? Je suis libre ! Je ne suis plus un esclave du porn ! Je n'aurai plus jamais à visiter ces sales sites dans ma vie"
4. Soyez conscient que pendant quelques jours, il y aura un petit saboteur dans votre estomac. Vous serez seulement conscient de l'envie d'une session. Le petit monstre du porn a été lié au faible besoin physique de dopamine. Médicalement parlant, c'est faux et c'est important de comprendre pourquoi. Parce qu'il faut jusqu'à 3 semaines pour que le petit monstre meurt, les ex consommateurs pensent que le petit monstre va continuer à être en manque après la visite finale du harem, et donc pensent devoir utiliser leurs volontés pour résister à la tentation pendant cette période. C'est faux, le corps ne demande pas de dopamine donnée par le porno, seulement le cerveau qui en demande.

Si vous ressentez l'envie de jeter un coup d'œil dans les jours à venir, votre cerveau a un choix très simple. Il peut soit interprété l'envie pour ce qu'elle est -un ressenti d'insécurité commencé par votre premier visionnage de porno et ensuite amplifié par chaque visionnage supplémentaire, ou il peut se dire "YOUPIIII ! JE SUIS LIBRE!"
Ou bien, il peut commencer à vouloir désespérément du porno et souffrir pour le reste de sa vie. Pensez-y un moment, n'est pas une chose incroyablement stupide à faire ? Se dire "je ne veux plus jamais

regarder de porno" pour passer le reste de sa vie à dire "j'adorerai une autre visite"? C'est ce que font ceux qui utilisent la méthode de la volonté, on ne se demande pas pourquoi ils se sentent si misérables. Passer le restant de leurs jours à désespérément vouloir quelque chose qu'ils espèrent ne jamais avoir. On ne se demande pas pourquoi si peu d'entre eux n'ont jamais réussi à s'en sortir.

"Gardez cette image mentale en tête, elle pourrait vous aider à surmonter la puissance d'un stimulus externe. Imaginez-vous être assis calmement, laissant le téléphone sonner, ignorant son signal, stoïque à sa commande. Vous êtes conscient de son appel, mais vous n'êtes pas perturbé par celui-ci et vous ne lui obéissez plus. Aussi, gardez clairement dans votre esprit que ce signal en soi n'a aucun pouvoir sur vous, n'a pas le pouvoir de vous faire bouger. Dans le passé vous lui avez obéi, avez répondu à son appel, simplement par habitude. Vous pouvez, si vous le souhaitez, créer une nouvelle habitude: celle de ne pas répondre.

Remarquez également, que si vous ne répondez pas, ce n'est pas dû à un effort quelconque, vous ne faites aucun effort vous ne montrez aucune résistance. Si vous ne répondez pas c'est par votre relaxation, vous ignorez simplement le signal. Le téléphone sonnant est une analogie à chaque stimulus à laquelle vous puissiez succomber, mais maintenant vous décidez consciemment d'altérer cette habitude" -Maxwell Maltz, "The New Psycho Cybernetics" Ch12.

C'est seulement le doute et l'attente qui font qu'arrêter est difficile, donc **ne doutez jamais de votre décision** car vous savez que c'est la bonne. Si vous commencez à douter, vous allez vous mettre dans une situation d'échec. Misérable quand vous avez envie d'une session mais incapable d'en avoir une. Peu importe quelle stratégie vous utilisez, qu'est-ce que vous essayez d'accomplir en arrêtant le porn ? Ne plus jamais en regarder ? Non ! Beaucoup d'ex consommateurs pensent ainsi mais passent le reste de leurs vies à se sentir privés.

Quelle est la différence entre un consommateur et un non consommateur? Les non consommateurs ne ressentent pas le besoin ou le désir de regarder du porno. C'est ce que vous essayez d'accomplir et c'est entièrement dans vos capacités. Vous n'avez pas à arrêter d'avoir envie de porn ou à devenir un non consommateur, votre objectif est atteint dès le moment ou vous fermez ce dernier onglet, fermant la source de dopamine: **VOUS ÊTES DÉJÀ UN HEUREUX NON-CONSOMMATEUR!**
Et vous allez rester un heureux non consommateur si et seulement si :

1. Vous ne doutez jamais votre décision
2. Vous n'attendez pas d'être un non consommateur. Si vous attendez, vous attendrez sans cesse et créerez une phobie.
3. Vous n'essayez pas de ne pas penser au porno ou d'attendre un "moment de révélation".
4. Vous n'utilisez pas de substituts
5. Vous voyez les autres utilisateurs tels qu'ils sont et avez pitié d'eux plutôt que de les envier.

Que vous passiez par de bons ou mauvais jours, ne changez pas votre vie juste parce que vous vous êtes arrêté de consommer. Si le vous le faites, vous allez créer un réel sacrifice là où il n'y en a pas. Rappelez-vous, vous n'avez rien abandonné. Au contraire vous vous êtes soignés d'une horrible maladie et vous avez échappé d'une terrible prison. Au fur et à mesure que les jours passent, et que votre santé - mentale et physique- s'améliore, les bons moments paraîtront meilleurs et les mauvais moments paraîtront moins mauvais que lorsque vous étiez un consommateur. A chaque fois que vous pensez au porn dans les jours à venir ou dans le reste de votre vie pensez: **"YOUPIII ! JE SUIS LIBRE !"**

28.1 Un dernier avertissement

Si un consommateur avait la chance de revenir avant l'époque où il avait commencé le porno avec son savoir actuel, il ne retomberait pas dans le même piège. Pourtant des dizaines de milliers d'ex consommateurs réussissent à arrêter leurs habitudes pendant plusieurs années pour au final se faire piéger à nouveau. Je sais que ce livre vous aidera à arrêter relativement facilement. Mais soyez avertis, les consommateurs qui trouvent facile d'arrêter le porno trouvent qu'il est aussi facile de reprendre de nouveau, **ne tombez pas dans ce piège.**

Peu importe depuis combien de temps vous avez arrêté ou peu importe à quel point vous êtes confiant dans le fait de ne plus jamais tomber dans le piège, faites le choix de ne regarder du porno dans aucune circonstances, faites-en une règle. Résistez aux allusions dans les médias, et rappelez-vous à quel point ils poussent leurs images "d'ouverture d'esprit" en forçant le porno dans le quotidien; inconscient que le porno et la masturbation compulsive est un tueur de couple et de bien être pour un nombre énorme d'hommes et quelques femmes.

Rappelez-vous que la première visite ou premier coup d'œil ne vous fera rien. Vous n'aurez aucuns symptômes à soulager et elle vous fera sentir très mal. Ce que cette première visite vous fera c'est planter dans votre cerveau le plaisir de la dopamine, et une petite voix dans votre esprit va vous en demander une autre. C'est là que vous avez le choix d'être misérable un temps, ou reprendre la chaîne infernale à nouveau.

29 - Les retours

La guerre n'est pas axée sur les utilisateurs, mais sur le piège de l'industrie pornographique, et elle est menée pour la simple et bonne raison que j'y prends du plaisir. Chaque fois que j'entends parler d'un utilisateur ayant pu s'échapper de la prison, j'éprouve un sentiment d'immense plaisir. Mais ce plaisir n'a pas été sans une frustration considérable, principalement causée par deux catégories d'utilisateurs de porno. Malgré l'avertissement du chapitre précédent, je suis continuellement surpris par le nombre de ceux qui trouvent qu'il est facile d'arrêter, mais qui retombent ensuite dans le panneau et constatent qu'il n'y arrive pas la fois suivante.

C'est comme trouver quelqu'un dans un marécage jusqu'au cou sur le point de couler. Vous l'aidez à s'en sortir, et il vous en est reconnaissant, mais six plus tard, il replonge directement dans ce marécage. Les utilisateurs qui trouvent qu'il est facile d'arrêter et de recommencer posent un problème particulier, mais lorsque vous vous libérez, *S'IL VOUS PLAÎT, S'IL VOUS PLAÎT, NE FAITES PAS LA MÊME ERREUR.* Ils pensent que ces personnes recommencent parce qu'elles sont toujours dépendantes et que la dopamine leur manque. En fait, ils trouvent l'arrêt si facile qu'ils perdent leur peur du porno. Elles se disent alors *"Je peux faire une séance comme ça, même si je redeviens accro, il me sera facile d'arrêter."*

J'ai bien peur que ça ne marche pas comme ça, il est facile d'arrêter le porno mais impossible de contrôler son addiction. La seule chose essentielle pour arrêter le porno est de ne pas l'utiliser.

L'autre catégorie d'utilisateurs frustrés est celle des personnes trop effrayées pour tenter d'arrêter, ou qui, lorsqu'elles le font, trouvent que c'est un grand combat. Les principales difficultés semblent être les suivantes :

La peur de l'échec.

Il n'y a pas de honte à échouer, mais ne pas essayer est tout simplement stupide. Voyez les choses ainsi; vous ne vous cachez de rien. La pire chose qui puisse arriver est que vous échouiez, auquel cas vous n'êtes pas plus mal en point que maintenant. Pensez simplement à quel point il serait merveilleux de réussir. Si vous n'essayez pas, vous avez déjà garanti l'échec.

La peur de la souffrance et d'être malheureux.

Ne vous inquiétez pas, pensez simplement : quelle chose affreuse pourrait vous arriver si vous ne regardiez plus jamais de porno? Absolument rien. Des choses terribles arriveront si vous le faites, relisez les notes sur le pari de Pascal Wager. Dans tous les cas, la panique est causée par la dopamine et disparaîtra bientôt. Le plus grand gain est de se débarrasser de cette peur. Croyez-vous vraiment que les utilisateurs sont prêts à avoir des pénétrations qui s'estompent, des performances sexuelles peu efficaces ou le plaisir illusoire que leur procure le porno? Si vous vous sentez paniqué, la respiration profonde vous aidera. Si vous êtes avec d'autres personnes et qu'elles vous dépriment, fuyez-les et allez au garage, dans un bureau vide ou ailleurs.

Si vous vous sentez sur le point de pleurer, n'ayez pas honte. Pleurer est un moyen naturel d'évacuer les tensions. Personne n'a jamais pleuré sans se sentir mieux après. L'une des choses horribles que nous faisons aux jeunes hommes est de les conditionner à ne pas pleurer. Vous pouvez les voir essayer de retenir leurs larmes, mais regardez leur mâchoire se contracter. Nous nous apprenons à ne pas montrer nos émotions, mais nous ne sommes pas censés les refouler en nous. Criez, hurlez ou piquez une colère. Frappez quelque chose. Considérez votre lutte comme un match de boxe que vous ne pouvez pas perdre. Personne ne peut arrêter le temps, chaque instant qui passe voit mourir le petit monstre qui est en vous. Appréciez votre victoire inévitable.

Ne pas suivre les instructions.

Aussi incroyable que cela puisse paraître, certains utilisateurs affirment que la méthode n'a pas fonctionné pour eux. Ils décrivent alors comment ils ont ignoré non seulement une instruction mais pratiquement la totalité de celles-ci. Pour plus de clarté, ces instructions sont résumées sous forme de liste de contrôle à la fin de ce chapitre.

Mauvaise compréhension des instructions.

Les principaux problèmes peuvent être les suivants:

"Je ne peux pas m'empêcher de penser au porno"

Bien sûr, vous ne pouvez pas et si vous essayez, vous créerez une phobie, devenant ainsi malheureux. C'est comme essayer de s'endormir le soir; plus vous essayez, plus cela devient difficile. Peu importe que tu penses que c'est important. Si vous pensez *"Oh, j'adore regarder du porno"* ou *"Quand serai-je libre?"*, vous serez malheureux. Si vous pensez plutôt *"YESSSS! Je suis libre!"*, vous serez heureux.

"Quand le petit monstre du porno va-t-il mourir ?"

La bouffée de dopamine quitte votre corps très rapidement, mais il est impossible de dire quand votre corps cessera de souffrir de la légère sensation physique de manque de dopamine. Ce sentiment de vide et d'insécurité est identique à la faim, à la dépression ou au stress. Tout ce que fait le porno, c'est d'en augmenter le niveau. C'est pourquoi les utilisateurs qui cessent d'utiliser la méthode de la volonté ne sont jamais tout à fait sûrs de s'en être débarrassés, même après que leur corps a cessé de souffrir du manque de dopamine. S'ils souffrent d'une faim ou d'un stress normal, leur cerveau leur dit encore qu'il s'agit d'une raison valable pour réclamer leur session de droit. L'idée est que vous n'avez pas besoin d'attendre que l'envie de fumer ne disparaisse, elle est si légère que nous ne nous en rendons même pas compte, nous la connaissons seulement comme une sensation de désir. Quand vous sortez de chez le dentiste, attendez-vous que votre mâchoire cesse de vous faire mal ? Bien sûr que non, vous continuez à vivre. Même si votre mâchoire est toujours douloureuse, vous êtes satisfait.

N'attendez pas que les retraits partent car vous créerez le doute en vous demandant constamment *"Combien de temps cela va-t-il prendre ? Suis-je même libre si je ne me sens pas différent ?"* La peur est la piqûre réelle, donc attendre que la vie s'améliore après avoir arrêté de fumer créera le doute. Le sevrage est imperceptible, sauf si vous le craignez, et les améliorations exponentielles de la neurologie sont lentes, donc si vous attendez de vous sentir différent, vous aurez l'impression que rien ne se passe, ce qui créera le doute.

"Le 'moment de la révélation' n'est pas encore arrivé."

Si vous l'attendez, vous ne faites que provoquer une autre phobie. Une fois, je me suis arrêté pendant trois semaines sur la méthode de la volonté. En discutant avec un vieil ami, il m'a demandé comment je m'en sortais. *"J'ai survécu à trois semaines"*, ai-je répondu. Il m'a demandé *: "Comment ça, tu as survécu à trois semaines ?".* J'ai précisé : *"J'ai passé trois semaines sans porno."* Il a dit : *"Que vas-tu faire ? Survivre le reste de ta vie ? Qu'est-ce que tu attends, tu l'as fait. Tu es un non-consommateur."*

J'ai pensé : *"Il a tout à fait raison, qu'est-ce que j'attends ?"* Malheureusement, en raison d'un manque de compréhension du piège, j'y suis vite retourné, mais le point a été noté. Vous devenez un non-utilisateur lorsque vous fermez votre navigateur. L'important est d'être un non-utilisateur heureux dès le départ.

"Je suis toujours en manque de porno."

Alors vous êtes vraiment stupide. Comment pouvez-vous prétendre vouloir être un non-utilisateur et ensuite dire que vous voulez du porno ? C'est une contradiction. Si vous dites que vous voulez du porno, vous dites que vous voulez être un utilisateur. Les non-utilisateurs ne veulent pas visiter les sites à tube dégoûtants. Vous savez déjà ce que vous voulez être, alors arrêtez de vous punir.

"J'ai choisi de ne pas vivre pleinement."

Pourquoi ? Tout ce que vous avez à faire, c'est d'arrêter de vous tuer et de commencer à s'énergiser à la place. Vous n'avez pas besoin d'arrêter de vivre le moins du monde. C'est aussi simple que ça, pendant les deux prochains jours, vous aurez un léger traumatisme dans votre vie. Votre corps subira l'aggravation presque imperceptible du retrait des demandes et des revendications pour une poussée de dopamine. Maintenant, gardez ceci à l'esprit : vous n'êtes pas plus mal en point que vous ne l'étiez. C'est ce que vous avez subi pendant toute votre vie, chaque fois que vous étiez endormi, à l'église, au supermarché ou à la bibliothèque. Cela ne semblait pas vous déranger lorsque vous étiez consommateur et si vous n'arrêtez pas, vous continuerez à souffrir de cette détresse pour le reste de votre vie.

Le porno et les orgasmes ne créent pas d'occasions, ils vous en privent. Même si votre corps est toujours en manque de dopamine, les repas et les occasions sociales sont merveilleux. La vie est merveilleuse, allez aux événements sociaux, même s'il y a des danseuses dénudées. Rappelez-vous que ce n'est pas vous qui êtes privé, ce sont eux. Chacun d'entre eux aimerait être à votre place, si seulement ils le savaient. Profitez d'être la prima donna et le centre d'attention. Arrêter le porno est un merveilleux sujet de conversation, en prenant un plaisir secret qu'ils ne peuvent pas avoir. Vos amis et vos pairs seront surpris de voir que vous, autrefois timide et à l'air fatigué, êtes maintenant heureux et joyeux. Vous profiterez de la vie dès le début, il n'y a pas besoin d'envier les dragueurs dans les soirées, ils vous envieront - si seulement ils savaient.

"Je suis malheureux et irritable".

Il s'agit d'une incapacité à suivre les instructions. Trouvez laquelle c'est. Certaines personnes comprennent et croient tout ce qui est écrit, mais commencent tout de même par éprouver un sentiment de malheur, comme si quelque chose de terrible était en train de se produire. Vous ne faites pas seulement ce que vous aimeriez faire, mais aussi ce que tous les utilisateurs de la planète aimeraient faire. Avec n'importe quelle méthode d'arrêt, l'ex-utilisateur essaie d'atteindre un certain état d'esprit, de sorte que chaque pensée liée à la pornographie est ponctuée de *"YES ! JE SUIS LIBRE !"* Si c'est votre objectif, pourquoi attendre ? Commencez dans cet état d'esprit et ne le perdez jamais, il n'y a pas d'alternative.

"J'ai eu une bonne semaine / un bon mois / six mois mais je suis de retour dans cette spirale".

Rappelez-vous, la peur est la piqûre elle-même. Céder à une sensation génère plus de peur, alimentant le petit monstre affaibli et réussissant à effrayer le non consommateur en lui faisant croire qu'il est accroché pour la vie. En réalité, leur conceptualisation du lavage de cerveau n'a pas changé, mais ils ont donné de la dopamine au processus de pensée. Il s'agit par définition d'une chute en avant, mais d'un manquement aux instructions. Comprenez laquelle ci-dessous et réjouissez-vous.

29.1 - La Checklist

Si vous suivez ces instructions, vous ne pouvez pas échouer :
1. Faites le vœu solennel de ne jamais, au grand jamais, aller sur Internet pour visiter votre harem OU de vous contenter d'images statiques OU de faire la paix avec les graphiques

érotiques OU tout ce qui contient des stimuli supranormaux, et tenez-vous-en à votre vœu.
2. Que cela soit bien clair dans votre esprit : Il n'y a absolument rien à abandonner. Cela ne signifie pas que vous serez mieux en tant que non PMO (vous le savez depuis le début), ni que, bien qu'il n'y ait aucune raison rationnelle de faire de la PMO, vous en retirez un certain plaisir ou une béquille, car autrement vous ne le feriez pas. Ce que je veux dire, c'est qu'il n'y a pas de véritable plaisir ou de béquille dans la PMO. C'est juste une illusion, comme se taper la tête contre un mur pour avoir du plaisir quand on s'arrête.
3. Il n'y a pas de PMO-dépendant confirmé. Tu es juste l'un des centaines de millions de personnes qui sont tombées dans ce piège subtil. Comme les millions d'autres PMO-dépendants qui pensaient ne pas pouvoir s'échapper, vous vous êtes échappés.
4. Si, à n'importe quel moment de votre vie, vous devez peser le pour et le contre de l'abstinence, la conclusion dominante serait toujours "Arrête de le faire. Tu es un idiot !" Rien ne pourra jamais changer cela. Il en a toujours été ainsi et il en sera toujours ainsi. Après avoir pris ce que vous savez être la bonne décision, ne vous torturez plus jamais en doutant. Le pari de Pascal s'applique parfaitement au PMO, avec aucune chance de perte, de fortes chances de gains et de fortes chances d'éviter les pertes.
5. N'essayez pas de ne pas penser au porno, ou de vous inquiéter du fait que vous y pensez constamment. Chaque fois que vous y pensez, que ce soit aujourd'hui, demain ou pour le reste de votre vie, pensez *"Yes ! Je ne suis plus dans le PMO !"*
6. N'utilisez aucune forme de substitut. Ne vous mettez pas au défi de garder votre ordinateur portable à côté de vous pendant que vous dormez. N'évitez pas les pièces de théâtre, les films ou les magazines. Ne changez pas votre style de vie

de quelque manière que ce soit, uniquement parce que vous avez arrêté. Si vous suivez les instructions ci-dessus, vous connaîtrez bientôt le "moment de la révélation" :

7. N'attendez pas que le "moment de la révélation" arrive. Continuez simplement votre vie, en profitant des hauts et en faisant face aux bas. Vous verrez qu'en un rien de temps, le moment arrivera.

30 - Aider ceux qui souffrent aussi

Les utilisateurs de porno paniquent actuellement, sentant des changements dans la façon avec laquelle le porno est perçu par les hommes et les femmes. La nature addictive du porno est étudiée de plus en plus, maintenant considéré bien différent de ce qui se faisait quand Internet n'existait pas. Le degré de facilité avec lequel chacun peut accéder à ces contenus est alarmant même dans l'esprit de ceux qui supportent le porno. Ils sentent aussi que leur croisade pour la liberté d'action et de pensée est prise en otage par des éléments divers. Cette terre sauvage qu'est l'internet non supervisé rend pratiquement impossible de contrôler l'âge de ceux qui viennent s'abreuver de stimuli supranormaux. Il est dommage que cela ne soit pas prévu de changer dans un futur proche, mais des centaines de milliers d'utilisateurs arrêtent, avec la majorité des addicts conscient des études montrant un lien entre le porno et les autres addictions aux drogues. Chaque fois qu'un utilisateur quitte le bateau en train de couleur, ceux qui restent se sentent de plus en plus misérables.

Chaque utilisateur sait instinctivement qu'il est ridicule de s'auto-saboter et de perdre leur temps en face d'une grille de pixels, inondant leur cerveau et développant des connexions neuronales garantissant de mauvaises performances sexuelles en même temps. Si vous ne croyez toujours pas que cela est idiot, essayez de parler à un magazine porno se tenant au centre de la ville ou vous habitez et demandez-vous ou la différence se trouve. Une seule, en vérité. Vous ne pouvez pas tirer du plaisir dans l'intimité de cette façon. Si vous pouvez ne pas acheter de cigarettes ou d'alcool à chaque fois que vous allez au supermarché, vous pouvez ne pas regarder de porno tout autant. Les utilisateurs n'arrivent pas à trouver de raisons rationnelles justifiant leur consommation de porno, mais ils ne se sentent pas si étranges si d'autres personnes le font également.

Les utilisateurs aiment à mentir ouvertement sur leurs habitudes, pas seulement aux chercheurs et aux gens autour d'eux, mais surtout à eux-mêmes. Ils en ont besoin, le lavage de cerveau est essentiel s'ils veulent garder un minimum d'estime de soi. Ils ressentent le besoin de justifier leur "habitude" non seulement à eux-mêmes mais aux non-utilisateurs. Ils font la pub gratuite des avantages illusoires du porno avec des moyens subtils.

Si un utilisateur quitte le porno avec la méthode volonté, il se sentira toujours privé de quelque chose, créant de la frustration. Tout ce que cela fait est de confirmer le biais cognitif des utilisateurs qui voient en cela une raison de ne pas quitter. Si l'ex utilisateur parvient à tuer l'addiction, ils seront heureux de ne plus avoir à passer leur vie à s'auto-mutiler ou de perdre de l'énergie et n'auront pas besoin de se justifier. Rappelez-vous, c'est la peur qui garde la tête des utilisateurs dans le sable, qui ne questionnent leur comportement qu'au moment d'arrêter. Aidez l'utilisateur en lui faisant faire disparaître ses peurs. Dites-leur à quel point la vie est merveilleuse quand on n'a pas besoin de la passer dans une prison mentale, comment il est agréable de se lever le matin en se sentant bien et en bonne santé au lieu de manquer d'énergie et d'ambition, comment il est génial d'être libéré de l'esclavage, de pouvoir apprécier la vie et d'être débarrassé de ces ombres noires. Ou encore mieux, faites-leur lire ce livre.

Il est essentiel de ne pas faire la morale à un utilisateur marié en lui disant qu'il ruine sa vie de couple à cause du porno. Il y a une idée reçue généralisée que l'ex utilisateur est pire dans cet aspect. Ce mythe peut avoir de la substance, mais est généralement lié à la méthode volonté. Parce que l'ex-utilisateur, bien qu'ils aient chassé l'addiction, gardent une part du lavage de cerveau en eux et pensent encore qu'ils ont fait un sacrifice. Ils se sentent vulnérables et leurs défenses naturelles sont d'attaquer l'utilisateur de porno.

Cela augmentera peut-être l'égo de l'ex-utilisateur, mais cela n'aidera en aucun cas le pauvre utilisateur. Tout ce que cela aura pour conséquence est de les mettre face au mur, les faisant se sentir encore plus misérables et augmentant par conséquent leur désir envers le porno salvateur. Bien que les récents changements dans le milieu médical en ce qui concerne les effets du porno sont la raison principale pour laquelle la majorité des utilisateurs se mettent à quitter, cela ne rend pas la tâche plus simple pour autant. En vérité, cela rend la chose plus dure encore. Beaucoup d'addicts aujourd'hui croient qu'ils arrêtent pour des raisons de santé. Ce n'est pas complètement vrai.

Bien que les nombreux risques pour la santé soient logiquement la raison première qui pousse les addicts à quitter, les utilisateurs ont saboté leur virilité pendant des années et ce savoir n'a pas eu la moindre différence. La vraie raison de pourquoi les addicts quittent est parce que la société commence tout juste à considérer le porno pour ce qu'il est vraiment : une addiction. Les sociétés changent lentement, beaucoup de partenaires vous demanderont maintenant ce que vous faites sur votre PC en plein milieu de la nuit.

L'illégalité du porno dans certains pays ou des zones sans accès à Internet sont des exemples classiques du dilemme de l'utilisateur en voyage. Ils pensent que cela va les aider à mesurer leur consommation. Le résultat étant qu'après un jour ou deux, qu'ils n'apprécient pas, ils finissent par s'abstenir pour une semaine entière. Durant cette période d'abstinence forcée, ils sont non seulement mentalement privés de leur récompense habituelle, et leur corps en veut également. La visite du harem sera tellement merveilleuse quand ils rentreront chez eux !

Les abstinences forcées n'aident pas à réduire la consommation car les utilisateurs compensent toujours avec plus quand ils peuvent enfin y avoir accès. Tout ce que cela fait est de renforcer l'image précieuse du porno dans l'esprit de l'addict. L'aspect le plus frustrant de cette abstinence forcée est son effet sur les adolescents. Nous autorisons les preneurs d'otage de la "liberté d'expression", les producteurs de porno, à prendre pour cible les pauvres adolescents dans l'objectif de les rendre accro. Ensuite, dans la période la plus stressante de toute vie, ils voudront plus que jamais leur porno pour se "détendre", et nous venons le leur enlever des mains à cause du mal qu'ils se font à eux-mêmes.

Beaucoup sont incapables de faire ainsi et sont forcés, bien que ce ne soit pas de leur faute, de souffrir d'un complexe de culpabilité pour le restant de leurs jours. Certains réussissent et sont heureux de le faire, pensant *"Très bien, je le ferai une dernière fois puis après je serais guéri de toute façon"*. Puis vient la douleur et la peur de trouver un travail et les autres problèmes d'adultes, suivi par le plus gros pic de leurs vies : trouver un travail. La peur et la douleur sont terminées, et un sentiment de sécurité s'installe, l'ancien système de déclenchement fait son retour. Une partie du lavage de cerveau est toujours présente et avant que l'odeur du nouvel attirail de travail ne soit parti, l'utilisateur se trouve aux limites du harem en ligne. La situation bloque le sentiment pervers de son esprit, ils n'ont aucune intention de redevenir accro, mais une *seule petite dose* ne fera aucun mal, n'est-ce pas…? Trop tard! Le revoilà addict.

La vieille plainte du petit monstre recommencera alors, et même s'ils ne redeviennent pas accro la première fois, la dépression post-branlette finira de les achever. C'est étrange de voir que bien que les addicts à l'héroïne sont vus comme des criminels par la loi, la réponse de la société est d'aider ces individus. Adoptons la même attitude envers les utilisateurs de porno. Ils ne le font pas parce qu'ils le veulent, mais parce qu'ils pensent qu'ils doivent le faire. Contrairement aux addicts à l'héroïne, ils ont à souffrir durant des années une torture mentale et physique. On dit toujours qu'une mort rapide est meilleure qu'une mort lente, donc n'enviez pas l'utilisateur de porno, **il mérite votre pitié et votre aide.**

31 - Conseils aux non-utilisateurs

31.1 - Aider vos amis utilisateurs à lire ce livre

Premièrement, étudiez le contenu de ce livre et essayez de vous mettre dans la peau d'un utilisateur. Ne les forcez pas à lire le livre en leur disant qu'ils ruinent leur santé ou jouent avec le feu. Ils savent cela bien mieux que vous. Les utilisateurs ne continuent pas à regarder du porno parce qu'ils apprécient cela ou parce qu'ils l'ont décidé, ils disent cela uniquement pour tenter de maintenir un tant soit peu d'amour propre. Ils le font car ils sont dépendants au porno et pensent que cela les relaxe, leur donne du courage ou de la confiance (plaisir ou béquille) et parce qu'ils pensent que la vie ne sera jamais aussi bonne sans ce "sexe", ou du moins une version de celui-ci. Si vous essayez de forcer un utilisateur à arrêter, ils penseront qu'ils se font piéger comme un animal en cage et voudront leur harem encore plus. Cela pourrait même les transformer en utilisateurs secrets et le porno deviendra encore plus précieux pour eux.

À la place, concentrez-vous sur l'autre côté du problème. Faites-leur prendre compagnie d'ex-utilisateurs (blogs, forums, Stopfap, etc...). Demandez-leur de dire à l'utilisateur comment ils pensaient être accro à vie et comment la vie est bien mieux sans PMO. Une fois que vous avez implanté en eux l'idée qu'ils peuvent quitter, leur esprit commencera à s'ouvrir. Ensuite, commencez par leur expliquer les désillusions créées par les effets du manque. Non seulement les rushs de dopamine ne leur donnent aucun boost, mais ils détruisent leur confiance en eux et les rendent irritables et fatigués.

Ils devraient donc être prêts à lire ce livre par eux-mêmes, s'attendant à lire des tonnes de témoignages à propos de problèmes érectiles, de problèmes de vie de couple, de syndromes de PIED (troubles érectiles) ou de PE (éjaculation précoce). Expliquez-leur que cette approche est complètement différente et parlez des maladies liées comme d'une petite fraction du matériel total.

En bref, ne laissez pas vos connaissances s'évanouir avec le temps. Parlez-en à vous amis, mais ne soyez pas malaisant à ce sujet. Si vous essayez de "gagner" la conversation ou d'avoir un débat, vous ne réussirez qu'à augmenter leurs peurs.

31.2 - Dois-je en parler à mon/ma partenaire?

Dois-je en parler à ma femme, ma copine ou partenaire de cette addiction? l'intention étant de vous aider à la quitter. Il y a plusieurs facteurs en jeu ici.
Si vous avez déjà échoué à quitter avec la méthode volonté et avez déjà dit cela à votre partenaire, dites-leur à propos de votre nouvelle approche et permettez-leur de s'éduquer en lisant ce livre. Ils seront plus à même de vous assister et de vous motiver durant la période de désintoxication et seront un rempart entre vous et le petit monstre qui tentera de revenir à la charge.
Si vous venez juste de devenir conscient du piège pornographique et n'avez jamais essayé de le quitter par le passé, essayez d'utiliser EasyPeasy vous-même. Comme expliqué précédemment, cela devrait être une expérience plaisante. Cependant, si vous trouvez tout ça difficile, demandez l'assistance de votre compagne. Soyez ouverts avec votre partenaire et cela fortifiera votre relation.
En supposant que vous appréciez de vous échapper et ne trouvez pas difficile de quitter, il n'y a pas de raisons valables de partager cela avec votre partenaire. Si ce n'était pas un problème dans le passé, laissez tomber. Cependant, soyez prêts à ce que votre partenaire se demande pourquoi soudainement tout paraît aller mieux chez vous et dans votre vie de couple!

31.3 - *Mon partenaire quitte le porno*

La pornographie est un destructeur pernicieux de relations et, bien que l'abstinence puisse être immédiate, la guérison prend du temps. Beaucoup d'utilisateurs, affectés par les pensées irrationnelles nées de leur addiction, déversent leur colère sur leurs proches. Ces comportements se manifestent via le mensonge, la dispute et la manipulation. Cela n'arrive pas chez tous les utilisateurs, mais c'est de plus en plus commun dans les stages avancés de la maladie. Tandis que ces comportements ont pu se manifester via l'addiction au porno, il est important de vous éduquer sur ceux-ci et si vous les constatez, de prendre rendez-vous chez un thérapeute spécialisé dans les troubles sexuels.

Si votre partenaire se trouve dans sa période de désintoxication, considérez-le comme souffrant, qu'il le soit vraiment ou non. N'essayez pas de minimiser tout ça en lui disant qu'il est facile d'arrêter, il le fait déjà lui-même. À la place, continuez à lui dire à quel point vous êtes fier de lui, à quel point il a meilleure mine, comment il est plus agréable d'être en sa compagnie et comment il est plus agréable en général. Il est particulièrement important de continuer à faire cela, quand un utilisateur fait une tentative d'arrêt, l'euphorie de leur essai et les bons retours qu'ils obtiennent de leurs proches les aident beaucoup. Cependant, ils oublient rapidement, donc continuez à les supporter.

Parce qu'ils ne parlent plus de porno, vous pouvez être amené à penser qu'ils ont oublié et ne veulent pas que vous le leur rappeliez. Habituellement, l'opposé est le cas avec la méthode volonté, comme l'ex-utilisateur tend à n'être obsédé qu'avec ce sujet. Donc n'ayez pas peur d'aborder le sujet et de continuer à les supporter, ils vous le diront eux-mêmes s'ils ne veulent pas être rappelés.

Faites quelques efforts pour les soulager de quelques tâches durant la période de désintoxication, pensez à des façons pour leur rendre la vie simple et appréciable. Cela peut aussi être une période difficile pour les non-utilisateurs qui n'ont jamais eu d'addiction au porno. Si un membre du groupe est irrité, cela causera une mauvaise humeur générale. Préparez-vous à anticiper cela. Ils vont peut-être s'en prendre à vous, mais ne ripostez pas, c'est pendant ces moments-là ou ils ont plus que jamais besoin de votre soutien. Si vous n'êtes pas de bonne humeur vous-même, ce qui peut arriver, essayez de ne pas le montrer.

L'un des tours qu'un addict va jouer durant une tentative avec la méthode volonté sera de causer des disputes pour pouvoir entendre de votre bouche *"Je n'en peux plus de te voir comme ça, prends ton poison si ça peut te remettre comme avant."* L'utilisateur n'a par conséquent pas à perdre de son estime de lui, ils n'abandonnent pas, ils ont été ordonnés. Si l'ex-utilisateur tente d'utiliser cette stratégie, n'allez JAMAIS l'encourager à retourner dans ses travers. Dites-lui plutôt : *"Si c'est ce que le porno te fait, alors Dieu merci que bientôt tu en seras libéré. Ton courage est admirable!"*
Rappelez-vous, il y a deux facettes de la guérison durant cette procédure. Quand votre partenaire quitte le porno, il est important d'avoir votre propre santé d'esprit, routines et limites déjà installées. Cette procédure n'est pas instantanée, requiert de la confiance, de la communication et de la responsabilité. Tenir des notes, développer vos propres passions et la thérapie aideront ce processus.

31.4 - La glissade (rechute)

Cette section doit servir comme un avertissement à ceux qui quittent le piège. Je n'ai personnellement jamais rechuté, mais je vais utiliser les retours de certains membres de la communauté et des outils de thérapie comportementale pour les illustrer.
Premièrement, appeler cela une rechute est contre-productive. Vous avez juste glissé et nourri le petit monstre, qui à son tour relance le gros monstre du lavage de cerveau. Les utilisateurs qui glissent (ce qui est, par définition, tomber en avant) ont typiquement une flopée d'idées irrationnelles qui leur viennent en tête :

- *"Je ne serais jamais libre"* - **S'apitoie sur son sort**
- *"Je devrais/dois faire du sport, étudier et être productif chaque jour de ma vie"* - **Surcompensation**
- *"Aujourd'hui j'ai fait de la PMO, quel est l'utilité de lire tous ces livres et forums... Mon objectif était de ne pas ne serait-ce que me masturber, mais je suis un échec, un minable qui rechute"* - **Tolérance à la frustration faible**
- *"Mes amis / les membres du forum / les autres quittent la PMO pour X jours, mais je n'y arrive pas et je n'ai aucun espoir pour mon cas. Je me sentais bien hier et j'étais productif, mais aujourd'hui ce n'est pas le cas... je retombe."* - **Comparaison entre soi-même et les autres**
- *"Je ne devrais pas avoir de pensées sexuelles"* - Eux-mêmes, leurs parents ou la société ont imposé des **croyances rigides** en relation avec le sexe. Demandez-vous si l'auto-flagellation vous aide à atteindre vos objectifs, et si c'est le cas, appréciez-vous vraiment la procédure?

Les facteurs qui culminent dans le lavage de cerveau de chacun sont vraisemblablement infinis. Vous vous connaissez vous-même mieux que quiconque, c'est logiquement un échec dans le respect des instructions. Vous avez vu de la valeur dans le porno, mais comment?

Ce qui est souvent écarté est qu'il faut du temps pour inverser le lavage de cerveau. Cela ne rend pas la procédure plus dure, juste plus longue. Chaque industrie utilise le sexe comme moyen de marketing, et contrer activement le lavage de cerveau est un processus conscient (au début tout du moins), donc il faudra du temps pour bien intégrer les leçons de ce livre. De ce fait, plusieurs lectures sont recommandées (vous pouvez sauter les chapitres en 2eme lecture si vous le souhaitez) et cela ne devrait pas vous prendre très longtemps.
Une expérience étrangement commune chez les utilisateurs religieux est de vouloir que ça leur fasse mal, comme une forme de purification

des péchés. Ils trouvent l'arrêt si facile qu'ils se sentent coupables de penser ainsi. Mais pourquoi s'autosaboter et rendre le tout difficile? Le petit monstre est très cruel sur ce point précis.

Séparez-vous du petit monstre, il a été introduit en vous par l'industrie du porno il y a très longtemps. Imaginez une brute qui se bat dans la cour de l'école. Que dire à cette brute? Si vous le laissez faire, vous le renforcez dans ses actions. Certains qui quittent finissent par nourrir la bête, et augmentent donc le lavage de cerveau, mais leur vision du piège n'a pas changé. Reprenez-vous, essayez de comprendre ce que vous avez mal fait ou mal compris, et appréciez votre liberté !

Vous n'êtes pas défini par vos urgences. La méditation consciente intervient pour se rendre compte de cela, et il y a des leçons fondamentales dans la nature de l'esprit que vous devez comprendre. Il est très recommandé de méditer en général, et c'est tout à fait compatible avec la pratique religieuse. Il est futile de se battre avec soi-même, ou le petit monstre. Vous devez vous aimer tel que vous êtes ainsi que la procédure, et ce, inconditionnellement.

Mais retirez l'échec de votre esprit. Voici une section de l'ouvrage *"Méditations d'un addict au porno"* par Gulliaco.

Étant donné que le porno n'offre aucun bénéfice, c'est quelque chose qui ne peut QUE vous faire du mal, et c'est tout à fait ridicule de vouloir faire une chose pareille, je compare cela à boire de l'eau de Javel. Voici ce que cela donne :

Le dur voyage pour arrêter de boire de la Javel

Bonjour! Nous sommes Stop Javel et nous hébergeons des challenges dans lesquels les participants s'abstiennent de boire de l'eau de Javel pendant une certaine période. Que votre objectif soit une participation occasionnelle dans un challenge mensuel et un test de contrôle de soi, ou que la consommation excessive de Javel soit devenue un problème dans votre vie et que vous voulez quitter pour une période prolongée, vous trouverez une communauté qui vous soutient et pleins de ressources ici!

- *"Parfois je m'autorise à boire un verre ou deux de Javel. Je sais que le mythe de "l'unique goutte" est faux, mais je ne pense pas qu'un simple verre pourrait me faire du mal. Il est impossible de détruire toutes les heures que j'ai passé sans le faire."*
- *"Je n'ai pas de problème à arrêter de boire de la Javel, mais parfois je sors dans la rue et je vois quelqu'un boire de l'eau, dans un verre, et je m'imagine que ce verre est rempli de Javel. Du coup, je suis en manque, et après un long débat interne, je finis par boire un grand verre le soir venu."*
- *"Mon problème est que parfois, quand je suis seul dans ma cuisine, je commence à voir les verres, des fois je me tente en ouvrant la bouteille de Javel, parfois je sens l'odeur, et après... Après je me retrouve là où j'avais commencé. Je suis désespéré d'arrêter tout cela, mais je ne suis même pas sûr d'en être capable..."*
- *"Arrêter de boire de la Javel est impossible, je veux dire, j'ai une bouche quand même. Comment est-ce que je suis supposé arrêter alors que j'ai une gorge toujours disponible dans laquelle peut couler de la Javel?"*
- *Les gars, je m'en sortais tellement bien!, 19 jours complets sans une seule goutte! Le truc le plus important c'est d'apprendre de ses échecs. Maintenant je sais quoi faire : éviter le rayon des produits nettoyants au supermarché. Je vais tenter un mois complet maintenant, je redémarre mon compteur à zéro, souhaitez-moi bonne chance!"*

Si vous avez une urgence, calmez-vous! Rappelez-vous ce que la méthode dit :
"La Javel est difficile à abandonner à cause de la peur d'être privé de notre plaisir. La peur que certaines situations plaisantes ne soient plus tout à fait les mêmes. La peur de ne pas pouvoir supporter les situations stressantes. En d'autres mots, ce sont les effets du lavage de cerveau qui nous font croire qu'acheter de la Javel, et par extension la boire, est une nécessité pour tout être humain. Encore plus loin, c'est la croyance qu'il y a quelque chose d'inhérent dans la Javel bon marché dont nous avons besoin, et que lorsque nous tentons d'arrêter nous ne faisons que nous nier ce qui nous revient de droit et créons un vide. Gravez cela dans votre esprit : la Javel ne comble pas un vide, elle en crée un!"

Et je dis "Supposez que vous soyez forcés d'observer un verre de Javel pendant cinq minutes. Essayez de vous rappeler l'une de ces marques ou de ces odeurs que vous aimez tant. Peut-être est-ce accompagné par des sons, ou vous ne vous rappelez que de certains détails spécifiques. La Javel est là et vous ne pouvez pas fermer les yeux, parce que cette Javel est dans votre esprit, c'est un souvenir ancré en vous.

Ressentez-vous du manque? Ressentez-vous quelque chose dans votre langue ou un changement dans votre respiration? Quels sont vos sentiments par rapport à ce que vous êtes en train de penser? Identifiez-les, la Javel veut les effacer, les rendre confus et ne vous faire remarquer que sa présence."

Avec tout cela, je n'essaie pas d'occulter vos sentiments, ni encore d'insinuer que "haha je suis malin et toi t'es bête", mais de vous donner une perspective pour que vous réalisiez à quel point il est ridiculement facile (et le sera toujours) de vaincre cette addiction. Regarder du porno n'est pas un interrupteur on/off ou vous dites "Oh ben, je suis dans une situation X donc je vais regarder du porno." Fantaisies! Mensonges! Combien de fois vous êtes-vous autorisé à boire un verre de Javel? Jamais? Pourquoi? Parce que c'est une chose horrible, voilà pourquoi ! Comment êtes-vous supposé échapper à votre addiction si vous ne réalisez pas que la PMO est une chose horrible que vous vous faites à vous-même?

31.5 - Et pour la "MO"? (Masturbation + Orgasme)?

Les gens se sont masturbés pendant des siècles sans que cela n'ait eu d'effets aussi destructeurs que le porno. Pour être clair, c'est le porno le plus gros problème.

CEPENDANT, vous pouvez tout autant devenir accro à la MO pour les mêmes raisons que le porno, comme le besoin d'avoir un orgasme le plus souvent possible, de l'escalassions mentale qui force le corps à vouloir du sexe, ou de la recherche hédonistique du plaisir.

Il est extrêmement probable que le porno et la masturbation soient désormais liés dans votre esprit. Beaucoup d'utilisateurs finissent par échouer car ils se masturbent sur des fantaisies mentales créées par le porno. Tandis que votre cerveau se débarrasse de ces liens grâce à la guérison, vous découvrirez que ce lavage de cerveau disparaît avec le temps, mais il reste hautement bénéfique de ne pas faire de MO. Rappelez-vous que l'objectif reste d'aller vers le sexe réel, et la masturbation n'en est pas.

Au final, vous faites bien ce que vous voulez, mais évaluez le choix présenté. Les bénéfices rapportés de la rétention séminale sont nombreux, ce qui inclut un gain d'énergie, la disparition du brouillard mental et l'augmentation de la confiance en soi, entre autres. D'expérience personnelle, la différence est **indéniable**, et tout dépendra de la façon dont vous allez dépenser ladite énergie.

Si vous choisissez la "formule complète" et voulez également vous débarrasser de l'habitude de la masturbation, indépendamment du porno, les bénéfices attendus comptent parmi les suivants :

- Après l'orgasme, le cerveau sécrète de la prolactine, qui contre la sécrétion de dopamine, essentielle au quotidien
- Priver votre cerveau de rushs de dopamine vous permet de mieux apprécier les petites choses de la vie de tous les jours
- Le sperme est réabsorbé par le corps après environ 78 jours, et est l'un des meilleurs nutriments que votre corps peut trouver
- Transposer l'énergie sexuelle en habitudes productives vous aidera à booster encore plus votre productivité en addition avec l'arrêt du porno

[Note du traducteur : Personnellement, j'ai testé les deux cas (masturbation sans porno et noporn+nofap) et je peux vous dire que le meilleur choix reste de couper les deux et de très loin, le corps n'a pas besoin d'avoir un orgasme aussi régulièrement, et ne pas en avoir tout court ne vous fera pas développer un cancer de la prostate, ce mythe basé sur une "étude" probablement financée par on-sait qui a été montrée fallacieuse depuis des lustres. J'ai tué les deux addictions et je ne me suis jamais senti aussi mieux qu'aujourd'hui !]

Il peut vous arriver de souhaiter vouloir avoir du sexe sans orgasmes, ce qui comme mentionné plus tôt, est une expérience sexuelle à part entière. Vous pouvez renforcer votre capacité à faire cela en faisant des exercices de Kegel par exemple. D'expérience personnelle, la façon la plus simple et efficace de cibler ces muscles est d'arrêter votre urine pendant qu'elle coule. La séparation du sexe tantrique et reproductif est l'un des grands avantages d'échapper à la PMO (et mes partenaires l'ont toutes apprécié héhéhé).

31.6 - Déviation du conseil standard

Cette section est très récente, et est écrite d'une façon expéditive. Cependant, elle doit être mentionnée.

Certaines personnes qui utilisent la méthode EasyPeasy trouvent que leur désir de regarder du porno est tombé tellement bas qu'ils n'arrivent pas à avoir une session finale comme conseillé. **Ce n'est pas grave**, mais ne sous-estimez pas le pouvoir d'en avoir une. Personnellement j'ai trouvé cela très utile et j'étais heureux de pouvoir m'en laver les mains une bonne fois pour toutes, soulagé que je n'avais plus jamais à le faire de ma vie. Cependant, chacun est différent et le besoin n'est peut-être pas présent chez vous.
Si vous êtes déjà libéré du piège depuis au moins plusieurs jours et venez juste de détruire le lavage de cerveau, il n'y a aucun besoin de nourrir le petit monstre qui en profitera pour vous narguer ou vous démotiver. Profitez plutôt de la liberté !

31.7 - Aidez à mettre fin à ce scandale

Le porno internet est l'un des nombreux dangers dans une société libre et moderne, s'attaquant aux efforts bienveillants de ceux voulant exercer leurs libertés individuelles pleinement. Il est certain que la base de toute civilisation, la raison pour laquelle les hommes ont évolué si loin, est que nous sommes capables de communiquer entre nous pour partager notre savoir et nos expériences, pas seulement pour apprendre aux autres mais aussi pour les générations futures. Même les animaux apprennent à leurs petits de se méfier des dangers de la nature.

Les producteurs de porno ne le font pas avec bienveillance, pensant qu'ils aident l'humanité, encore plus maintenant que les effets du porno internet sont étudiés et connus. Peut-être que les gens, dans les phases préliminaires du phénomène, pensaient que le porno allait éduquer les gens sur l'intimité, mais nous savons maintenant que c'est faux. Aucun site porno ne prétend avoir une quelconque valeur éducative. Les seules choses qu'ils veulent représenter sont le choc, la nouveauté et la qualité toujours plus élevée de leurs produits.

Cette hypocrisie est incroyable, en tant que société nous nous dressons contre le harcèlement scolaire et l'objectification du corps humain. Comparé avec le porno, ces problèmes sont de vulgaires tâches sur un tapis déjà en train de brûler. Le nombre d'addicts explose chaque année, passant du temps avec leurs pixels imaginaires de qualité au détriment de leur santé, virilité et énergie. De très loin le plus gros tueur de relations, des centaines de milliers de vies sont ruinées chaque année à cause de leur addiction. Les producteurs de porno ne prennent pas la peine de faire leur publicité dans les médias mainstream, ils n'en ont même pas besoin, nos urgences biologiques nous mènent aux portes de leurs empires du faux sexe, nous offrant des échantillons gratuits comme un dealer de drogue ou un kidnappeur offrant une sucette à un enfant avant de l'inviter à monter dans sa camionnette blanche. De nos jours, les sites porno ne stockent pas les produits autant qu'ils n'encouragent les gens à poster leur propre contenu.

Très malin de la part des sites de montrer des avertissements "18 ans et +) pour "dissuader" les utilisateurs mineurs, certains sites ne prennent même pas la peine de le faire. Le porno affecte tout le monde peu importe l'âge. *"Nous vous avons prévenu du danger, c'est votre choix"* semble être leur clause de non-responsabilité. Prennent-ils le temps de vérifier l'âge de chacun? Non, cela pourrait décourager les visiteurs. Bien entendu, si la vérification d'âge est légiférée ils trouveront juste un autre pays pour poser leurs serveurs. Ou alors, ils paieront grassement les députés et autres sénateurs pour dire que la prohibition ne créera que des ennuis et des marchés alternatifs. La question souvent oubliée est celle de savoir pourquoi la prohibition répétée n'a pas résulté en la réduction des morts liés à l'alcool, et l'échec des gouvernements à réprimander la montée des Mafias.

Nous pouvons adresser cela de façon différente via l'éducation de nos jeunes générations. S'ils peuvent éviter les cigarettes et l'alcool en faisant les courses, alors ils peuvent éviter le porno. Nous avons déjà constaté des changements sociétaux importants comme le "No Nut

Novembre". L'utilisateur n'a pas plus le choix qu'un accro à l'héroïne n'en a. Les utilisateurs ne décident pas de devenir addict, ils sont appâtés dans un piège subtil. S'ils avaient le choix, les seuls utilisateurs de demain seraient les adolescents qui viennent tout juste de commencer, croyant qu'ils peuvent arrêter à tout moment s'ils le souhaitent.

Pourquoi de tels standards? Pourquoi est-ce que les addicts à l'héroïne sont vus comme des criminels, mais peuvent s'inscrire en tant qu'addict et bénéficier d'un soutien médical pour en sortir? Essayez de vous inscrire en tant qu'addict au porno, si vous allez voir votre médecin pour de l'aide, il vous dira sans doute : *"Arrête de le faire autant, essaie de modérer"*, ce que vous savez qui ne fonctionne pas ou vous prescrira des médicaments pour tenter de chasser votre "dépression". Le pire est le conseil de sortir et de trouver de vrais partenaires... Sérieusement? Savent-ils seulement que les utilisateurs trouvent inconsciemment ou pas que le porno est mieux et le font dans le dos de leurs partenaires? Certaines personnes n'arrivent juste pas à comprendre tout ça... Heureusement que ce n'est pas votre cas !

Les campagnes de terreur n'aident pas les utilisateurs à arrêter, elles rendent le tout plus difficile encore. Tout ce qu'elles font est de faire peur aux utilisateurs, ce qui les fait vouloir leur porno encore plus. Elles empêchent également les adolescents de devenir accros. Les adolescents savent que le porno tue leur libido, mais ils savent aussi qu'une petite dose ne le fera pas. Parce que l'addiction est si prévalente, tôt ou tard l'adolescent (via des pressions sociales ou la curiosité) finit par visiter une fois. Et parce que le porno est intrinsèquement choquant, il est très probable qu'il deviendra accro de toute façon.

Pourquoi laissons-nous ce scandale perdurer? Pourquoi est-ce que les gouvernements ne lancent pas de véritables campagnes de sensibilisation? Pourquoi ne sommes-nous pas instruits dès l'école sur le fait que le porno est une drogue et un poison, qu'il ne relaxe pas mais qu'au contraire il détruit nos nerfs, nécessitant juste une dose pour devenir accro? Pourquoi ne peuvent-ils pas garantir la vérification de l'âge sur les sites via contrôle de l'identité? Mindgeek, qui possède la majorité des plus gros sites porno, essaie de forcer les gouvernements à utiliser leur propre système de vérification, ne les laissez pas faire ! Dans le livre d'H.G. Wells *"La machine à voyager dans le temps"*, il est décrit un incident dans le futur ou un homme tombe dans une rivière. Ces amis restent assis sur le bord comme des zombies, ignorant ses cris de désespoir et ses appels à l'aide. Inhumain et dérangeant, tout comme l'apathie de la société envers la crise pornographique.

Il y a un vent de changement qui souffle depuis quelques temps. Une boule de neige a commencé à rouler le long du flanc de la montagne et l'objectif de ce livre est de le tourner en une avalanche. Vous aussi pouvez aider en partageant toutes ces ressources.

De fait, si vous voyez quelqu'un en difficulté avec la méthode volonté, ou en essayant de quitter le porno, redirigez-le vers cette méthode. Cependant, la vraie difficulté est de changer les idées reçues sur le porno en général. Essayez de prendre l'habitude d'éduquer respectueusement les personnes que vous pouvez voir en ligne ou en vrai et qui débattent d'un tel sujet.

Occasionnellement, vous recevrez une réaction négative, venant de personnes qui refusent de voir le porno tel qu'il est : comme une drogue. Mais parfois, tout ce qu'il faut est un commentaire. Comme beaucoup l'ont fait auparavant, vous pouvez vous attendre à recevoir des messages provenant de personnes redevables qui vous remercieront pour leur liberté.

31.8 - Avertissement final

Vous pouvez désormais apprécier le reste de votre vie comme un non-utilisateur heureux. Pour garantir cela, vous devez suivre ces instructions simples :

1. Gardez la page suivante dans vos sites favoris et référez-vous y à chaque fois que vous en aurez besoin.
2. Si jamais vous commencez à envier un utilisateur, réalisez qu'eux sont en vérité bien plus envieux de vous. Vous n'êtes pas privé de quoi que ce soit, mais eux si.
3. Rappelez-vous que vous n'avez jamais apprécié le fait d'être un utilisateur. C'est pourquoi vous avez arrêté, vous aimez être un non-utilisateur.
4. Rappelez-vous, il n'existe pas de "juste une petite dose"
5. Ne jamais douter de votre décision de ne plus jamais regarder de porno. Vous savez que c'est la seule et bonne décision.
6. Si vous avez des difficultés, trouvez et contactez un thérapeute spécialisé dans le domaine du porno, vous en trouverez si vous cherchez en ligne.

32 - Les instructions

1. Suivez toutes les instructions.
2. Gardez l'esprit ouvert.
3. Commencez avec un sentiment d'allégresse.
4. Ignorez chaque conseil et influences qui entrent en conflit avec EasyPeasy.
5. Résistez chaque promesse ou craquage temporaire.
6. Gardez clairement dans votre esprit : Le porno ne procure pas de réel plaisir ou soutien, vous ne faites pas de sacrifice. Il n'y a rien à abandonner et aucune raison de se sentir privé.
7. N'attendez pas pour arrêter, faites-le maintenant !
8. Prenez la décision de ne plus jamais en regarder et ne la questionnez jamais.
9. Rappelez-vous qu'il n'y a pas de "simple coup d'œil".
10. Ne regardez plus jamais de porno.

33 - Conclusion

Si vous lisez ceci, et que vous avez suivi la règle de ne pas sauter les chapitres, félicitations! Vous venez de terminer l'un des livres les plus importants de votre vie.

Contrairement au reste de l'ouvrage, cette conclusion n'est pas traduite mais rédigée par moi, le chef de projet, moi qui en Septembre est tombé par hasard sur cet étrange manuel, après 6 longues années de tentatives vaines pour me débarrasser du porno et de la masturbation. Après avoir terminé le livre, j'ai compris que je n'aurais plus jamais à souffrir de cette immonde addiction qu'est la PMO. Je m'étais enfoncé si profondément dans les pires saletés déviantes que j'en revenais à me haïr moi-même. Si seulement j'avais pris connaissance de cette méthode plus tôt, mais bon, on ne refait pas le passé, et pour quelqu'un comme moi qui a vécu les années écoulées comme étant les pires de ma vie, il est presque surréaliste pour moi de me lever ce matin après un mois en tant qu'homme libre et de trouver autant de motivation, de clarté d'esprit et d'appréciation pour la vie, ce que je n'ai jamais eu. J'ai non seulement vu le bout du tunnel, mais je l'ai atteint, et ma prise de conscience liée à ce livre aura été le catalyseur, un catalyseur merveilleux.

Je peux maintenant l'annoncer haut et fier : **Je ne suis plus un utilisateur!**

J'ai tellement été impacté par cette méthode que j'ai assez rapidement recruté des forumeurs du 18-25 et du discord "Le Royaume du NoFap" dans l'optique de traduire le tout de l'anglais au français! Je tiens donc à remercier Gargatron, Funbone, FunnyFungi, Chonklotisme, FleurDeLys, Ramech et SBLJ qui ont travaillé chacun à hauteur de leurs capacités pour vous présenter cet ouvrage traduit. La traduction de ces quelques 135 pages aura été longue (environ 20 jours!) mais nous arrivons enfin à bout de ce projet seulement quelques jours avant le No Nut Novembre! Quelques mots sur cet événement, en accord avec la méthode...

Le No Nut Novembre peut être un formidable moment pour commencer pour de bon votre libération du porno. Les soutiens seront nombreux et j'espère que cette méthode poussera le plus de gens possibles à profiter du NNN pour quitter définitivement cette saleté. Maintenant que vous avez lu la méthode, et si le No Nut Novembre bat encore son plein (je dis ça mais ce conseil peut valoir pour tout autre challenge anti PMO), partagez un maximum ce livre et tentez de convaincre des participants de simplement continuer après l'événement. Cela ne pourra que leur bénéficier, comme vous l'avez appris grâce à EasyPeasy.

Je vous laisse donc, mes chers amis. Profitez de votre liberté nouvelle, vivez votre vie libérée d'un fardeau terrible. La mentalité derrière cette méthode peut s'appliquer à chaque addiction, vous pouvez utiliser les principes du livre pour vous améliorer dans bon nombre de domaines qui vous posent problème, et utiliser cette nouvelle force mentale comme un tremplin afin de vous propulser vers une vie meilleure, une vie que VOUS appréciez et dont VOUS avez le contrôle!

J'en suis à un mois tout rond à l'heure où j'écris ces lignes finales et je revis, je ne vous souhaite que de vivre ce que je vis actuellement les keys. Vous trouverez des ressources et liens utiles après la fin de cette conclusion.

La bise à vous les golems, en dépit des temps.
StopFap, 1er site francophone anti-PMO : https://stopfap.org
Discord "Le Royaume du NoFap" francophone :
https://discord.gg/K6sUsva
EasyPeasy, le site original en anglais :
https://easypeasymethod.org/
Discord « EasyPeasy » anglophone :
https://discord.com/invite/SvPaZYa9Dr